马 立 平 课 程

MLP Chinese

中 文

Grade 4
四 年 级

编写　马立平

审定　庄　因

插图　陈　毅

版权所有 翻印必究
Copyright © 1994-2019 by 立平继承语教育研究中心

书　　名　MLP Chinese (Grade 4)
编　　者　马立平
审　　定　庄　因
出版人　　夏建丰
插　　图　陈　毅
网　　址　www.mlpchinese.com
版　　次　1994 年 3 月第 1 版
　　　　　2019 年 3 月第 18 版　2020 年 3 月第 2 次印刷
印　　刷　上海丽佳制版印刷有限公司
书　　号　ISBN 978-1-940666-04-4

目录

编辑说明 v

全套教材使用说明 vii

四年级使用说明 ix

第一单元

一、小丽长大了 2
  愚人买鞋 5
  酸的和甜的 6
  写"万"字 8
  狐狸和乌鸦（温故知新） 9

二、生肖歌 10
  望梅止渴 13
  猫为什么要捉老鼠 14
  属狗和属虎 16
  乌鸦和狐狸（温故知新） 17

三、蔡伦造纸 18
  嫦娥奔月 22
  蚕姑娘 23
  "此地无银三百两" 24
  乌鸦和狐狸的第三个故事
  （温故知新） 25
  毕升发明活字印刷 26
  可爱的大熊猫 27
  六只脚更快 28
  萝卜回来了（上）（温故知新） 29

四、田忌赛马 30

  常用的汉字有多少 34
  献给亲爱的妈妈 35
  小方的新发现 36
  萝卜回来了（下）
  （温故知新） 37
  鼠牛争第一 38
  一鼓作气 39
  谁赢了 40
  整天唱歌的蝈蝈
  （温故知新） 41

五、东郭先生和狼 42
  父子俩和他们的驴 47
  南郭先生 48
  钱不会丢的 49
  埋蛇的孩子（温故知新） 50
  我会变 51
  神射手 52
  刻舟求剑 53
  骆驼和羊（温故知新） 54

总生字表 55
疑难词表 56

第二单元

一、时光老人的礼物 58
  小水滴和斧头 61
  挂钟和镜子的对话 62
  时间的歌 63
  小弟和小猫（温故知新） 64

二、第一次跳伞 66
  人们骑哪些动物 69

  小虫和大船的故事 70
  山上山下 71
  小壁虎借尾巴（温故知新） 72

三、地震仪 74
  数星星的孩子 77
  排字盘 78
  阿凡提买酒 79

	狮子和老鼠（温故知新）	80	还剩几只苍蝇	103
四、	神医扁鹊	82	动物过冬（温故知新）	104
	神农尝百草	87	六、万圣节之夜	106
	路旁苦李	88	猎人海力布（上）	111
	奶奶住在哪里	89	猎人海力布（下）	112
	铁棒磨成针（温故知新）	90	原来书是印出来的	113
	治肚痛	92	老鼠偷蛋（温故知新）	114
	李时珍写药书	93	聪明的孩子徐文长	116
	猜字谜（小相声）	94	不倒翁	117
	植物妈妈有办法（温故知新）	96	我赢了冠军	118
五、	捉鱼	98	从墙里"跑"来的光（温故知新）	119
	菜单	100		
	钓熟鱼	101	总生字表	121
	蛇谷遇险	102	疑难词表	**122**

第三单元

一、	月亮姑娘做衣裳	124	孟姜女的传说	158
	到底哪天是中秋节？（上）	127	钥匙	159
	到底哪天是中秋节？（下）	128	量词用错了（相声）	160
	阴历月亮歌	129	汤的汤（温故知新）	161
	称象（温故知新）	130	五、草船借箭	162
二、	河神和海神	132	妈妈的眼睛	168
	"学问"的故事	135	诸葛子瑜之驴	169
	程门立雪	136	戒酒	170
	猜字谜	137	盘古开天地（温故知新）	171
	盲人摸象（温故知新）	138	空城计	172
三、	放风筝	140	塞翁失马	173
	中国的"Holiday Season"	143	风雪花	174
	元宵灯会	144	女娲补天（温故知新）	175
	月牙儿	145	六、捞铁牛	176
	锯是怎样发明的（温故知新）	146	汉字偏旁趣谈	179
四、	长城的回忆	148	老船工巧找石狮子	180
	神农炎帝的故事	153	比吹牛	182
	黄帝的故事	154	女娲造人（温故知新）	183
	"懒惰的阿凡提"	155	总生字表	185
	狐假虎威（温故知新）	156	疑难词表	186

编辑说明

斯坦福大学教育学院课程设计博士 马立平

近年来，海外的中文学校发展迅速，其教材多来自国内。可是，由于海外生活环境和国内不同，海外学生的文化背景、学习方式以及学习条件也和国内不同，所以在国内编写的教材，往往不敷他们的实际需要。在此，我们把这套在美国研发、经二十多年来多轮教学实验磨砺后定稿的"海外本土化"中文教材献给大家。

这套中文教材适用对象为来自华语家庭的儿童。目前，教材包括11个年级（K至9年级以及AP）的课本，每个年级学习3个单元，配有相应的单双周练习本、暑假作业本和网络作业，可供周末中文学校使用十一年，也支持After School的中文教学。同时，K至5年级课本配有学生用的生字卡片，K至9年级课本配有可供选购的教师用词汇卡片。

多年来的实践经验证明，通过循序渐进地学习全套教材，学生们能够具备中文听、说、读、写的基本能力，能够在美国College Board的中文SAT II和AP考试中取得优异的成绩，并且能够顺利地通过中国国家汉办举办的HSK四级以上的汉语水平考试。

中华民族创造了自己的文字，也创造了学习这一文字的行之有效的方法。我们这套教材将中国语文教学的传统和现代语文教学的研究成果紧密结合。现将编辑要点说明如下：

一、拼音和汉字的关系——直接认字，后学拼音

为了先入为主地发展学生识别汉字的能力，我们在开始阶段不用拼音或注音符号，而是通过韵文直接进行汉字教学。在学了700个常用汉字以后，再引入汉语拼音。

语音教学由课堂教学和网络作业共同分担，成功地避免了海外学生常见的依赖拼音的弊病。

二、认字和写字的关系——先认后写，多认少写

海外少年儿童学习中文的时间十分有限。我们采用先认后写、多认少写的原则。

本教材通过各种途径，帮助学生熟练认读2000个左右的常用汉字，熟练书写500个左右的最常用汉字。以此为基础，学生能够依靠中文顺利地学习我们高年级的文化读本《中华文化之窗》和《中华文化巡礼》；也能够用中文进行基本的书面交流。

三、精读和泛读的关系——课文和阅读材料并重

考虑到海外语言环境的特点，教材采用了课文和阅读材料相互交织的结构，每篇课文都配有阅读材料数篇，纳入正式教学。这些阅读材料以中国历史故事和寓言为主要题材，用学生已经学过的汉字撰写。仅在1至4年级，就有和课文相配合的阅读材料四百来篇。

四、阅读和写作的关系——先读后写，水到渠成

语汇是写作的基础。1至4年级以认字教学为主，让学生掌握大量的汉字和语汇。五年级以大篇幅的阅读巩固认字量并且引导学写段落。6、7年级完成系统的写作教学。完成写作教学之后，学生的写作能力已经超过AP Chinese所要求的水平。

五、素材选择和改写的依据——求知欲、成就感、常用字先行和高频率复现

本教材中课文和阅读材料的素材来源很广，包括了大陆和台湾本土使用的各种小学课本、两岸为海外儿童编写的各种华语教材、各种中文儿童课外读物、甚至口头流传的民间故事和谜语等等。选材的依据，一是根据海外华裔儿童的兴趣和求知欲，二是注重培养学生学习中文的成就感。素材经改写后自成一个完整的中文教学体系，常用字先行，并且高频率复现。前后呼应，环环相扣。

六、重视中华文化，摈弃政治色彩

教材以海外华裔儿童的成长发展为其唯一关怀。海外的炎黄子孙，无论来自大陆、台湾，还是其他国家和地区，文化上都是同宗同源；相信七十年的两岸分隔，绝无损于五千年中华文化的源远流长。

七、汉字结构的教学

汉字的笔画、笔形、笔顺和部首是掌握汉字结构的重要手段，然而在日常生活中，笔画和部首的名称却往往是约定俗成，没有绝对统一的标准。

在本教材中：

笔画名称参照了《现代汉语词典》和《汉语》教材中的汉字笔画表，以及汉典。

笔顺介绍参照了 Cheng & Tsui Company 的《Practical Chinese Reader I & II: Writing Workbook》。

部首名称及英文翻译，参照了 Harvard University Press 出版的《Mathews' Chinese English Dictionary》和安子介先生的《解开汉字之迷》。

另外，我们使用了"表意部首（Meaning clue）"和"表音部首（Sound clue）"的概念，仅仅是为了帮助学生认记汉字，无意在汉字学上标新立异。

八、繁体字章节用字的选定

教材繁体字章节的用字，参照了《国语日报字典》、修订版《华语》、《儿童华语课本》来选定，最后由斯坦福大学亚洲语言系庄因教授审定。

九、多媒体网络作业的使用

和课文配套的多媒体网络作业，可在计算机和 iPad 上使用。在课本的封面上，可以找到相应的注册码。每周有四次作业，每次作业设计量为 20 分钟左右。每次完成作业后，会出现该次作业的"密码"，由学生登记到作业本上，交给老师核实。

十、暑假作业

为了使学生的中文学习不致在漫长的暑假里中断，本教材为各年级设计了暑假作业（每年八周，每周四次），同时提供相应的网络作业。一年级暑假作业的部分文字材料在课本里。建议各校在秋季开学时，对学生暑假作业的完成情况进行检查。

这套教材是我和夏建丰先生合力编写，其间得到许多人的支持和帮助。资深儿童画家陈毅先生、吕莎女士和邬美珍女士为教材配画了精美的插图。罗培嘉老师为作业设计了阅读检查办法。我们在此一并表示深切感谢。

马立平中文课程
全套教材 使用说明

马立平中文课程在美国经过了二十多年的中文教学研究和实践，形成了一套针对海外华裔学习中文行之有效的方法，帮助海外华裔青少年在学习中文和了解中国文化中，能够学有所成。

课程服务对象以及教学成果

马立平中文课程的服务对象主要是海外华裔青少年。其主体教学内容，可供海外周末中文学校使用；结合课后阅读以及教辅材料，也可供非周末的 After School 中文学校选用。

多年来的实践经验证明，通过循序渐进地学习马立平中文课程，学生们能够具备中文听、说、读、写的基本能力，能够在美国 College Board 的中文 SAT II 和 AP 考试中取得优异的成绩，并且能够顺利地通过中国国家汉办举办的 HSK 四级以上的汉语水平考试。

全套课程的设计结构

马立平中文课程设计了十一个年级的教学内容，分为三个主要阶段展开：

1) 认字和阅读（学前班到四年级）；
2) 作文和阅读（五到七年级）；
3) 中华文化和 AP 考试（八到十年级）。

每个年级分册分为三个单元，按照每个单元八次授新课、一次总复习和一次考试的教学量进行设计，对应着十周的教学时间。具体教学建议，请参见各个年级分册的使用说明。

全套教材的设计结构，以及各个阶段的特点，请参见图1。

图1中每个年级包括三个单元，占据三格。

实线示意预计的学习困难程度，坡度越"陡"，表示学生可能感到难度越大；坡度越"缓"，难度越小（如学前班和一年级第一、二单元难度最低，二年级难度最大）。实线下的文字，表示该阶段的主要学习内容。

虚线示意认字数量增长的速度（一至四年级快，之后明显减缓）。

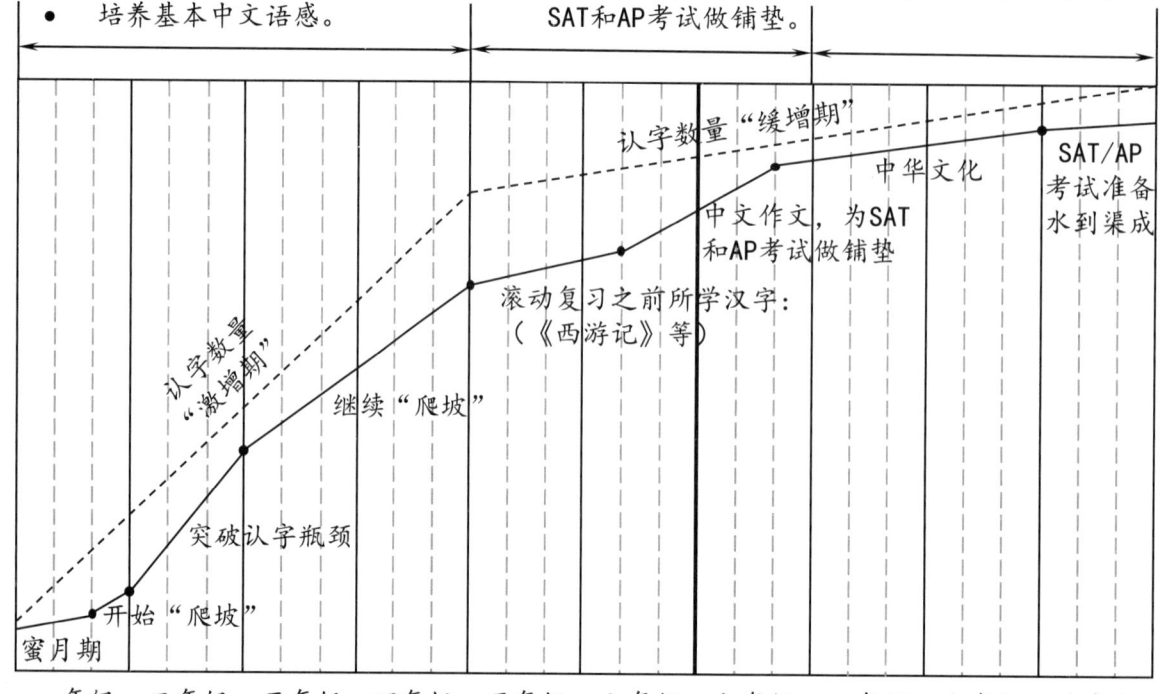

教学十六字诀

- **趣味引入：** 教授新课前，先要设法引起学生对课文的兴趣，调动起积极学习的情绪；
- **精讲多练：** 切忌"满堂灌"，老师要讲得恰到好处，尽量留出课堂时间给学生练习；
- **重点突出：** 认识字词和发展语感是一至四年级段的教学重点，教学中请务必注意；
- **难点分散：** 教学中要把难点分散，老师要作好相应铺垫和支持，带领学生克服难点。

需要家长关注的"三要三不要"

- 要从小培养孩子独立认真做中文作业的好习惯，**不**要纵容心不在焉的作业习惯；
- 要尽量多和孩子说中文，尽量创造中文环境，**不**要以为把孩子送了周末中文学校，他们的中文学习就万事大吉了；
- 遇到困难时，要鼓励孩子发扬"不放弃"精神，家长的态度**不**要"过硬"或"过软"。

马立平中文课程

四年级教材 使用说明

马立平中文课程的四年级教材是以课本为核心而相互配合的一个整体，其中包含：

1) 课本：一本。

2) 练习册：三本，分别为单周、双周和暑假练习册。

3) 生字卡片：一套，包括黄色、蓝色、绿色三种字卡独立成册。

4) 网络作业的注册帐号：一个，印在课本封面上。

四年级分册课本共分三个单元，每个单元通常包括四部分内容：

1) 基础内容：课文、生字表以及词汇表；

2) 文字与语法：课文中出现的一些常用字词的用法以及中文基本语法；

3) 字形、字义、字音：通过辨析帮助学生认识汉字字形、字义、字音的关系

4) 课后阅读：每周的教学，提供三到四篇课后阅读材料，都是用学生已经学过的字编写（极少数未学过的字，行文旁边都有图解）。阅读材料的内容和编写形式，经过了二十多年反复的实验、反馈、研究和修订，每个细节的定稿都是严肃的教育研究以及实践成果的体现，适合海外学习中文的儿童。除了中文教学之外，阅读材料也把激发思考、培养品格等教育要素融合进去；

在每个单元后面附有总生字表。

教学进度安排建议

通常，在周末中文学校中，每个单元可以用十次周末的教学时间完成：

八次授新课，一次复习，一次考试。每个周末，教学时间可以为一个半小时到二小时。

After School 的中文学校，可以把基础内容和课后阅读相结合，每个单元分成八周授新课，一周复习和考试。每一周可用四天授新课，一天复习；每天的教学时间可为一小时。

课本内容和教学进度分配的对应关系，参见表1、表2和表3。

表1：第一单元和教学进度分配的对应关系

第一单元	课文	课后阅读			温故知新
第1周	一、小丽长大了	愚人买鞋	酸的和甜的	写"万"字	狐狸和乌鸦
第2周	二、生肖歌	望梅止渴	猫为什么要捉老鼠	属狗和属虎	狐狸和乌鸦（第二个故事）
第3周	三、蔡伦造纸	嫦娥奔月	蚕姑娘	此地无银三百两	狐狸和乌鸦（第三个故事）
第4周		毕升发明活字印刷	可爱的大熊猫	六只脚更快	萝卜回来了（上）
第5周	四、田忌赛马	常用的汉字有多少	献给亲爱的妈妈	小方的新发现	萝卜回来了（下）
第6周		鼠牛争第一	一鼓作气	谁赢了	整天唱歌的蝈蝈
第7周	五、东郭先生和狼	父子俩和他们的驴	南郭先生	钱不会丢的	埋蛇的孩子
第8周		我会变	神射手	刻舟求剑	骆驼和羊
第9周	总复习				
第10周	考试				

表2：第二单元和教学进度分配的对应关系

第二单元	课文	课后阅读			温故知新
第1周	一、时光老人的礼物	小水滴和斧头	挂钟和镜子的对话	时间的歌	小弟和小猫
第2周	二、第一次跳伞	人们骑哪些动物	小虫和大船的故事	山上山下	小壁虎借尾巴
第3周	三、地震仪	数星星的孩子	排字盘	阿凡提买酒	狮子和老鼠
第4周	四、神医扁鹊	神农尝百草	路旁苦李	奶奶住在哪里	铁棒磨成针
第5周		治肚痛	李时珍写药书	猜字谜	植物妈妈有办法
第6周	五、捉鱼	菜单 钓熟鱼	蛇谷遇险	还剩几只苍蝇	动物过冬
第7周	六、万圣节之夜	猎人海力布（上、下）		原来书是印出来的	老鼠偷蛋
第8周		聪明的孩子徐文长	不倒翁	我赢了冠军	从墙里偷来的光
第9周	总复习				
第10周	考试				

表 3：第三单元和教学进度分配的对应关系

第三单元	课文	课后阅读			温故知新
第 1 周	一、月亮姑娘做衣裳	到底哪天是中秋节（上、下）		阴历　月亮歌	称象
第 2 周	二、河神和海神	"学问"的故事	程门立雪	猜字谜	盲人摸象
第 3 周	三、放风筝	中国的"Holiday Season"	元宵灯会	月牙儿	锯是怎样发明的
第 4 周	四、长城的回忆	神农炎帝的故事	黄帝的故事	懒惰的阿凡提	狐假虎威
第 5 周		孟姜女的传说	钥匙	量词用错了	汤的汤
第 6 周	五、草船借箭	妈妈的眼睛	诸葛子瑜之驴	戒酒	盘古开天地
第 7 周		空城计	塞翁失马	风　雪花	女娲补天
第 8 周	六、捞铁牛	行字偏旁趣谈	老船工巧找石狮子	比吹牛	女娲造人
第 9 周	总复习				
第 10 周	考试				

难度分析

四年级是"认字和阅读"阶段的最后一年，在这一年里，学生要再接再厉，最终完成整个阶段认字 1400 多个的目标，并且基本巩固。经过一至三年级的学习，多数学生已经养成了良好的学习习惯，同时培养起汉字学习的能力，四年级学习起来应该比以前轻松一些。

在第二、三单元里，"温故知新"板块的篇目还配有繁体字版本，借助学生熟悉的简体字课文，对繁体字有初步的接触和认识。请老师向学生简单地解释一下：中文为什么有两套字体，以及它们所使用的地理范围。

关键点

除了课文学习之外，下面的内容也是学习的关键点：

1）阅读材料

如前所述，阅读材料也是精心设计并且反复经过实践的，都是用学生已经学过的字编写（极少数未学过的字），因此，鼓励学生试着自己阅读，是完全可行的，也是帮助学生有效学习中文的关键方法之一。

<u>能自如地朗读阅读材料，是学习过关的主要标志。</u>

2）网络作业

请家长协助学生建立网络作业账号。认真完成网络作业，是有效学习的重要手段。

马立平课程

中 文

四年级
第一单元

编写　马立平

审定　庄　因

插图　陈　毅

一、小丽长大了

小丽一直盼望着自己快点长大。可是,要怎样才能长大呢?她也不知道。为了试试怎样才能长大,她穿过妈妈的鞋子,戴过爸爸的眼镜,还围过奶奶的围裙。但是这一切都毫无用处。相反的,大家还都笑她。

有一次,爸爸妈妈上班去了。小丽做完了作业,把地板扫得干干净净,把书架上的书也整理得整整齐齐。奶奶下楼来看到了,她惊奇地说:"哟!我的小孙女长大了。"

又有一次,爸爸妈妈都不在家,张阿姨来找妈妈。小丽请客人屋里坐,还请客人喝茶。客人要走了,小丽很有礼貌地送客人到大门口。

爸爸妈妈回家后,知道了这件事。爸爸高兴地对妈妈说:"我怎么没有发现,我们的小丽已经长大了呢?她不但能扫地,能整理书架,而且还能接待客人了。"

现在,尽管小丽仍然还是小小的个子,还是穿着小小的鞋,短短的裙子,但是,爸爸、妈妈和奶奶都把她看作大孩子了。小丽呢,也感到自己真的是长大了。

词汇

盼望　试试　穿过　鞋子　戴过　眼镜　围裙　一切　毫无用处
相反　上班　作业　地板　扫得　干干净净　书架　整理
整整齐齐　奶奶　下楼　惊奇　哟　孙女　客人　喝茶　礼貌
不但　而且　接待　尽管　仍然　个子　短短　感到

生字

pàn	xié	dài	qún	qiè*	háo	yè	bǎn	sǎo	qí	lóu	yō	chá	lǐ	mào
盼	鞋	戴	裙	切	毫	业	板	扫	齐	楼	哟	茶	礼	貌

* 此处的"切"字为多音字。课文生字中的多音字下有双划线,本书此后不再重复说明。

文字和语法 第一周

不但……而且……

- "不但……而且……" as "not only ... but also":

  小丽<u>不但</u>能扫地，能整理书架，<u>而且</u>还能接待客人了。

  岳飞<u>不但</u>是个百战百胜的将军，<u>而且</u>还是中国历史上有名的诗人呢。

  我们的小船<u>不但</u>走得快，<u>而且</u>走得稳(stable)。

  以前学过的汉字我<u>不但</u>没有忘记，<u>而且</u>比以前更会用了。

尽管……但是……

- "尽管……但是……" as "although":

  现在，<u>尽管</u>小丽还是小小的个子，<u>但是</u>爸爸妈妈都把她当作大人了。

  <u>尽管</u>小明一直犹豫着，不想跟妈妈去别人家作客，<u>但是</u>他最后还是去了。

  <u>尽管</u>这个故事老师已经讲过一遍了，<u>但是</u>大家还想再听一遍。

  <u>尽管</u>学中文不容易，<u>但是</u>我们还是有勇气继续学下去。

"地"和"得"

- "地" or "得" links phrases to modify a verb. However, a phrase linked by "地" is located before the verb, and a phrase linked by "得" is located after the verb：

  他飞快<u>地</u>跑。　　　　　　　　他跑<u>得</u>像飞一样。

  我认真<u>地</u>写字。　　　　　　　我写字写<u>得</u>很认真。

  小丽大声<u>地</u>唱歌。　　　　　　小丽唱歌唱<u>得</u>很响。

  她轻轻<u>地</u>走路。　　　　　　　她走路走<u>得</u>很轻。

字形　字义　字音

盼—纷	戴—带	围—伟	管—官—馆	板—饭—反
架—加	整—正	奶—仍	作—昨—怎	貌—豹
真—直	客—各	裙—群	感—减—咸	

愚人买鞋

从前有一个人,想去市场上买一双鞋。因为要去买鞋子,他便找了一根干草,量好自己的脚有多大。

可是,当他穿戴整齐,来到集市上,才发现自己把那根干草忘在家里了。他二话不说,就匆匆忙忙跑回家去。到了家里,他楼上楼下地找,好不容易才把那根干草找到了。于是他又急急忙忙赶回市场上去。可是,因为一来一去花了很多时间,等他回到市场上的时候,卖鞋的人已经走了。

他正站在市场上生气的时候,有一个人问他:"先生,你是替自己买鞋,还是替别人买?"

那人气冲冲地说:"当然是替我自己买鞋呀!"

站在一旁的人们听了,就都笑了起来:"既然是你自己穿的鞋,为什么不用你自己的脚去试一试呢?难道你的脚还不如一根干草准确吗?"

买鞋的人终于明白自己干了一件蠢事,可惜已经为时太晚了。

酸的和甜的

一只狐狸在葡萄架下跳啊，跳啊，它不但没有吃到葡萄，还把自己累坏了。它灰溜溜地从葡萄园里钻出来，一抬头，看见了小松鼠。

小松鼠问："狐狸先生，我刚才看您在葡萄架下不停地跳，您吃到葡萄了吗？那葡萄甜不甜？"

狐狸站起身来，指着挂在架上的葡萄，摇摇头说："别去吃！那些葡萄都是酸的，不能吃！要是吃了那些葡萄，你的牙齿都会酸得掉下来！"

小松鼠一听，心想：世界上最聪明的就是狐狸，既然狐狸都说不能吃，那葡萄一定是很酸的了。

小松鼠在回家的路上，碰见了小猴子。小松鼠告诉小猴子，葡萄是酸的，吃了牙齿都会酸得掉下来。小猴子听了心想：松鼠是我最好的朋友，既然松鼠说葡萄是酸的，那一定是酸的了。

新字新词：　酸　甜　牙　齿

故事

这时候，葡萄架下来了一个小朋友。他望望葡萄架上挂着的葡萄，摘了一串，就往嘴里送。

好心的小猴子见了，连忙跑过来说："别吃！别吃！这葡萄酸得很！吃了你的牙齿都会酸得掉下来！"

小朋友问小猴子："你怎么知道葡萄是酸的？你尝过没有？"

小猴子说："我没有尝过，可是我的好朋友小松鼠说那葡萄是酸的。"

小朋友又去问小松鼠："你尝过那葡萄吗？"

小松鼠说："我没有尝过，是聪明的狐狸告诉我的，他说那些葡萄酸得很呢！"

小朋友听了哈哈大笑，就把手里的葡萄给了小猴子和小松鼠："尝尝吧，甜得很呢。"

小猴子和松鼠一尝，果然一点也不酸。小松鼠望了葡萄一眼，心想："奇怪，那狐狸怎么说它们是酸的呢？"

新字新词：一串　尝

写"万"字

有一个人,家里很富有。一切东西,只要他想要,就可以花钱去买来。可惜的是,他从来没有读过书,一个字也不认识。于是,他就请了个老师,在家里教他的儿子读书写字。

第一天老师来上课,对那富人的儿子说:"你看着,一划就是'一'字,两划就是'二'字,三划呢,就是'三'字。"

这个孩子听了,就把笔一丢,跑去跟他父亲说:"爸爸,写字实在太容易了,我已经全部会了,用不着再请老师了!"儿子再也不愿意继续学习,父亲就让老师回家了。

过了几天,那个富人对他儿子说:"爸爸想请一个姓"万"的朋友来我家,既然你已经学会了写字,就替我写一封信给他吧!""好啊!"儿子一口答应了。可是,儿子写呀写呀,写了整整一个上午,还没写好。父亲就去催问他。儿子说:"爸爸,您的朋友姓什么都可以,为什么一定要姓"万"呢?我从早上一直写到现在,才写了五百划,离一万划还差得远呢!

谜 语

不擦不脏,
越擦越脏。

狐狸和乌鸦

乌鸦在大树上做了个窝。大树底下有个洞,洞里住着狐狸。

有一天,乌鸦飞出去给她的孩子找东西吃。她找到一块肉,叼了回来,站在窝旁边的树枝上,心里很快乐。

这时候,狐狸也出来找吃的。他抬起头,看见乌鸦嘴里叼着一块肉,馋得直流口水。

狐狸想了想,就笑着对乌鸦说:"您好,亲爱的乌鸦!"乌鸦不作声。

狐狸又说:"亲爱的乌鸦,您的孩子好吗?"乌鸦看了狐狸一眼,还是不作声。

狐狸再说:"亲爱的乌鸦,您的羽毛真漂亮,麻雀比起您来,可就差多了。您的嗓子真好,谁都爱听您唱歌。您唱几句吧!"

乌鸦听了狐狸的话,得意极了,就唱起歌来。"哇……"她刚一张嘴,肉就掉下来了。

狐狸叼起肉,钻到洞里去了。

二、十二生肖歌

我属鼠,小老鼠,
大象见我也让步。

你属牛,老黄牛,
种地拉车好帮手。

我属虎,大老虎,
百兽之王好威武。

你属兔,小白兔,
长耳短尾红眼珠。

我属龙,小金龙,
高高飞舞在空中。

你属蛇,银环蛇,
一到冬天就睡了。

我属马,大红马,
骑兵靠我去冲杀。

你属羊,小绵羊,
借你羊毛织衣裳。

我属猴，金丝猴，
爱在树上翻跟斗。

你属鸡，大公鸡，
天天早上喔喔啼。

我属狗，小花狗，
夜夜看家防小偷。

你属猪，小乖猪，
聪明可爱胖乎乎。

十二生肖真有趣，
大家都来牢牢记。

词汇

生肖　属　让步　种地　拉车　好帮手　百兽之王　威武
红眼珠　小金龙　飞舞　蛇　银环蛇　骑兵　冲杀　小绵羊
衣裳　金丝猴　翻跟斗　喔喔啼　看家　防小偷　小乖猪　有趣
牢牢记

生字

xiào	shǔ	wǔ	yín	qí	bīng	mián	shang	sī	dǒu	tí	fáng	tōu	guāi	láo	jì
肖	属	武	银	骑	兵	绵	裳	丝	斗	啼	防	偷	乖	牢	记

文字和语法 第二周

一……就……

- "一……就……" as "as soon as":

一到冬天,蛇就要冬眠。

你一说,我就明白你的意思了。

功课一做完,他们就在电脑上玩起游戏来。

老师一说完那个谜语,王明就猜出来那是什么了。

"胖乎乎""牢牢记"

看那头小白猪,胖乎乎的,真可爱。

一进家门,我就闻到香喷喷的味道,一定是又有好吃的了。

沙发 (sofa) 软绵绵的,躺在上面很舒服。

春天来了,草地变得绿油油的,谁都想上去走一走。

图书馆里总是静悄悄的。

十二生肖真有趣,大家都该牢牢记。

反正没事做,我们就坐着说说话吧。

爷爷爱讲笑话,常常讲得大家哈哈笑。

生肖的顺序

1	2	3	4	5	6	7	8	9	10	11	12
鼠	牛	虎	兔	龙	蛇	马	羊	猴	鸡	狗	猪

字形 字义 字音

象—像	拉—啦	武—试	银—很	骑—奇	肖—悄—削
威—成	织—识	猴—候	喔—屋	胖—半	防—放—方
趣—起	该—孩	猪—者	偷—愉	靠—造	裳—常—尚

望梅止渴 (méi zhǐ)

有一次，曹操带领他的兵马去打仗(zhàng)。他们要经过一大片野地，那里既没有树林，也没有河，找不到一滴水。

那时太阳像火一样，晒着地面，天气热极了。士兵们个个满身大汗，又渴又累，都不想再走了。但是，没有曹操的命令，他们谁都不敢停下来，只是越走越慢了。

曹操骑在马上，看在眼里，急在心里。他皱着眉头，忽然想到了一个好办法。只听他大喊一声，用手指着前方说："快看哪！前面有一大片梅树林，树上结满了梅子，又甜又酸，吃到嘴里可以解渴。快点走啊！"

士兵们一听说有梅子，想到了梅子的酸味，嘴里就流口水，好像一点也不渴了。他们立刻飞快地前进，很快就到了打仗的地方。

我们一想到酸的东西，嘴里就会流出口水。曹操就是靠这一点，才使他的士兵很快走出了那片野地。

新字新词：望梅(méi)(plum) 止渴(zhǐ) 打仗(zhàng) 野地

猫为什么要捉老鼠？

谁都知道，猫是要抓老鼠吃的，所以猫是老鼠的天敌(dí)。可是，谁会想到，在很久以前，猫和老鼠曾经是好朋友呢！那时候，猫很懒(lǎn)，每天太阳还没下山，它就早早地爬上床，躺下睡觉了。猫一直要睡到第二天早上，等太阳升得很高了，才肯起来。老鼠呢，还是像现在这样，每天晚上都要出来偷东西吃。虽然猫不喜欢老鼠偷东西，老鼠也不喜欢猫的懒惰(lǎn duò)，不过，它们俩还是好朋友。

有一天，老鼠来猫家里做客。吃饭的时候老鼠对猫说："你知道吗，明天，天帝要挑选(tiāo xuǎn)十二种动物，作为人的生肖。谁到天帝那里去得越早，谁就越有可能被选上。"

猫知道自己有爱睡懒觉的毛病，就对老鼠说："明天早上你早一点来把我叫醒，我们一起去吧。"老鼠答应了。

新字新词：天敌(dí)　懒惰(lǎn duò)　挑选(tiāo xuǎn)

传 说

第二天一大早,老鼠来到了猫的床上,想叫醒猫。它跳到床头,拉着猫的耳朵喊:"猫哥哥,起来,起来,天快亮了,我们该走了!"可是猫还是呼呼大睡,不理老鼠。

老鼠又跳到床尾,拉着猫的尾巴喊:"猫哥哥,快起来,我们该走了!"可是,猫还是没有醒来。

这时候,天渐渐地亮了。老鼠摇摇头,叹了口气说:"唉,我也算够朋友了,还是我自己先去吧。"

等到猫醒来的时候,已经是中午了。当它赶到天帝那里的时候,生肖早就选好了。

猫非常生气,以为是老鼠故意不来叫醒他。从此以后,猫每天晚上再也不睡觉了,专门捉老鼠。就这样,一对好朋友变成了敌人。

新字新词:故意 专门 敌人

幽默

属狗和属虎

阿凡提和许多人在一起吃饭。其中有一个人，吃得又多又快，把别人的饭菜都抢(qiǎng)着吃了。

阿凡提实在看不下去了，就问那人："朋友，请问，你的生肖是什么？"

"我属狗。"那人一边吃，一边说。

"还好，还好！"阿凡提说："还好你是属狗，你要是属虎的话，恐(kǒng)怕连我们大家都要被你吃下去了！"

那人听了阿凡提的话，惭愧地低下了头。

新字新词：恐(kǒng)怕

谜语

小铁狗，守门口，
主人出门它闭嘴，
主人回家才开口。

乌鸦和狐狸

有一天,乌鸦又找到一块肉,飞到树上刚要吃,狐狸又来了。

狐狸抬起头,笑着对乌鸦说:"您好,亲爱的乌鸦太太!谢谢您上回唱歌给我听,又送肉给我吃,您真是个好心人!现在我和您一起来唱歌,好吗?"

乌鸦早就猜到狐狸又会要它唱歌,它把肉叼在嘴里,不作声。

狐狸望着乌鸦又说道:"啊……对不起,我看错人了。您不是那只又好心,又会唱歌的乌鸦。您是一只什么歌也不会唱的乌鸦。咦,乌鸦太太,您嘴里叼的肉怎么是臭的呢?真臭!真臭!真是臭极了!"

乌鸦一听,脸都气黑了,她张开了嘴,大声叫道:"胡说!我就是那只会唱歌的乌鸦,这块肉香得很,一点也不臭!"

乌鸦的话还没说完,狐狸连忙叼起掉下来的肉,一口吃了。狐狸对乌鸦说:"您说的不错,这块肉一点也不臭,比上回的那块还要好吃!再见了!好心的乌鸦!"

三、蔡伦造纸

小朋友，如果有人问你，你每天在学校里读的书，是印在什么上面？你每天写的字，又是写在什么上面？你一定会毫不犹豫地回答："当然是纸呀！"纸，在今天的世界上，是那么普通，那么常用。好像谁都不在乎它，可谁又都离不开它。但是，你想过吗，从前这个世界上，根本就没有纸！你可知道，今天我们用的纸，是谁发明的呢？告诉你，那是一个叫蔡伦的中国人发明的。

蔡伦生活在一千八百年以前，那时候没有纸。一般的人写字，是用刀把字刻在竹片上。竹片很硬，刻起来很不容易；竹片又很重，一本书就有几百磅。只有少数很富的人，才能用一种叫做帛的东西来写字。帛是用蚕丝织成的，又轻又薄。可是帛非常贵，一般的人买不起。

因此，蔡伦想，要是有一样东西，能像帛那么又轻又薄，又像竹片那么便宜，那该有多好！

---- 词 汇 ----

蔡伦　造纸　印　毫不犹豫　普通　常用　不在乎　离不开
根本　发明　一般　刻　竹片　硬　容易　重　一本书　几百磅
少数　帛　蚕丝　又轻又薄　贵　便宜

---- 生 字 ----

蔡　伦　普　通　般　蚕　薄　帛　贵　便　宜

有一天,蔡伦对他的朋友们说:"我有一个办法,可以用很普通的东西来造纸,你们愿意和我一起来试一试吗?"大家都问:"你有什么好办法?快说出来听听!"蔡伦就把自己的想法告诉了朋友。大家听了,都说:"这办法很好,我们来试试吧!"

第二天,朋友们有的抱来了旧渔网,有的扛来了树皮,有的拿来了破布……他们把这些东西用刀切碎,洗干净,再放到锅里煮,然后捣成糊,做成纸浆。最后,把纸浆一层一层贴在墙上晒干,就成了纸。

蔡伦的试验成功了,大家都很高兴。可是,第一次造出来的纸,有的地方厚,有的地方薄,写起字来不舒服。于是,蔡伦又再想办法,终于造出了更好用的纸。有了纸,人们写字画画,就方便多了。

造纸是中国古代四大发明之一,后来传到了亚洲和欧洲,为世界文明作出了很大的贡献。

词汇

试一试 抱来 旧渔网 扛来 破布 切碎 锅里 煮 捣成糊
纸浆 一层 贴在 墙上 晒干 试验 成功 厚 舒服 方便
终于 古代 四大发明 之一 传到 亚洲 欧洲 世界 文明 贡献

生字

扛(káng) 渔(yú) 网(wǎng) 锅(guō) 煮(zhǔ) 捣(dǎo) 浆(jiāng) 层(céng) 贴(tiē) 厚(hòu) 亚(yà) 洲(zhōu) 欧(ōu) 文(wén) 贡(gòng) 献(xiàn)

文字和语法 第三周

"那么"的用法

- "那么" as "so":

纸，在今天的世界上，那么普通，那么常用。

房间那么乱，我们一起来打扫一下吧！

他那么努力地做这件事，相信他一定能把事情做好的。

我妈妈每做一件事情，都是那么仔细，那么认真。

像……那么……

- "像……那么" as "so...as...":

要是有一样东西，能像帛那么又轻又薄，又像竹片那么便宜，那该有多好！

如果记中文字像记英文字那么容易，那该有多好！

我希望自己骑车骑得像哥哥那么快，那么稳(wěn)。

读了《岳飞学写字》的故事，我决心要做个像岳飞那么懂事的孩子。

"一般"的用法

- "一般" as "普通" (common, ordinary):

帛非常贵，一般的人买不起。

帛非常贵，普通的人买不起。

这种石头很一般，哪里都能找到。

这种石头很普通，哪里都能找到。

他画的画很一般，不是特别好。

- "一般" as "generally":

一般说来，大人知道的事比小孩子多。

星期天，我一般都要睡个懒(lǎn)觉(jiào)。

我的电脑要是出了问题，我一般都能自己解(jiě)决(jué)。

文字和语法 第四周

有的……有的……

朋友们<u>有的</u>抱来了旧渔网，<u>有的</u>扛来了树皮。

在张刚的生日 (birthday party) 聚会上，同学们<u>有的</u>玩游戏，<u>有的</u>唱歌，热闹极了。

"之一"

- "之一" as "one of"：造纸是中国古代四大发明<u>之一</u>，另外三大发明是指南针 (compass)、活字印刷 (moveable-type printing) 和火药 (gunpowder)。

  游泳是我最喜爱的运动 (yùn dòng) (sport) <u>之一</u>。

- "之" in Chinese representation of fractions：

  50 是 100 的<u>二分之一</u>，25 是 100 的<u>四分之一</u>。

  25 的<u>五分之二</u>是 10。

  <u>三分之二和四分之三</u>，你知道哪个大哪个小？

"终于"的用法

- "终于" as "finally, eventually"：

  于是，蔡伦又再想办法，<u>终于</u>造出了更好用的纸。

  愚公移山的决心，<u>终于</u>感动了天帝。

  前两次，乌鸦都被狐狸骗了，第三次它<u>终于</u>没有上狐狸的当。

  妈妈<u>终于</u>同意让我参加新年游行 (yóu xíng) (parade) 了。

字形 字义 字音

纸—低	般—搬	终—冬	伦—论—轮	煮—猪—者
网—刚	厚—原	刻—该—孩	传—转—专	通—痛—桶—勇

嫦娥奔月

夜空中，挂着一个圆圆的月亮。你如果对着月亮仔细看的话，月亮里就好像有一位美丽的女子，她漂亮的衣裳和长长的裙子，好像还在风中飘舞呢！

你听说过吗？这个女子的名字叫嫦娥，她是后羿的妻子。传说后羿射下了九个太阳之后，就在人间住了下来，和他的妻子嫦娥过着美满的日子。有一次，神仙西王母送给后羿和嫦娥一包不死药，让他们在新年的那天吃。这包药，如果分给两个人吃，吃的人就会长生不老，永远不会死去；如果给一个人吃了，这个人就会飞到天上去，再也回不到地面上来了。后羿和嫦娥很高兴，他们盼望着新年早日到来，好一起分吃不死药。

没想到，后羿得到不死药的消息，被一个坏人知道了。新年的那天，坏人看见人们正围着后羿给他拜年(to say happy new year)，就到嫦娥的房里来抢不死药。嫦娥怕药被抢走，就把药一口吞到肚里去了。

嫦娥刚把药吃下去，她的身子就飘了起来，一直往天空升上去。尽管她用力往下跳，可是毫无用处。嫦娥舍不得离开后羿太远，就飞到离地面最近的月亮里住了下来。从此，她虽然天天晚上在天上看着地上的后羿，却再也不能和他一起生活了。

新字新词：嫦娥奔月 美满 不死药 早日 拜年 抢 吞 舍不得

蚕 (silkworm) 姑娘

春天天气暖洋洋，蚕卵(luǎn)里钻出蚕姑娘。

又黑又小的蚕姑娘，吃了几天桑(sāng)叶，就睡在蚕床上，不吃也不动。醒了，醒了，脱下黑衣裳，变成了黄姑娘。

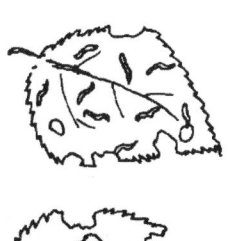

又黄又瘦(shòu)的蚕姑娘，吃了几天桑叶，又睡在蚕床上，不吃也不动。醒了，醒了，脱下黄衣裳，变成了白姑娘。

又白又瘦的蚕姑娘，吃了几天桑叶，又睡在蚕床上，不吃也不动。醒了，醒了，脱下旧衣裳，换上新衣裳，身体慢慢长胖。

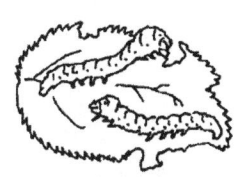

又白又胖的蚕姑娘，吃了几天桑叶，又睡在蚕床上，不吃也不动。醒了，醒了，脱下旧衣裳，换上新衣裳，身体慢慢发亮。

睡了四次的蚕姑娘，吃了几天桑叶，就爬到蚕山上，吐(tǔ)出白丝，造间新房。成了，成了，结成茧(jiǎn)子(cocoon)真漂亮。

茧子里头的蚕姑娘，一声也不响。过了好几天，茧子开了窗。变了，变了，变成蛾(é)姑娘。

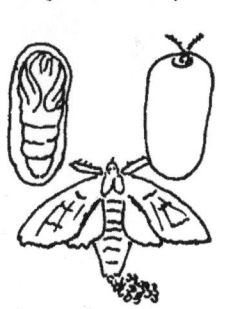

新字新词：蚕卵(luǎn) 桑(sāng)叶 瘦(shòu) 吐(tǔ)出 茧(jiǎn)子 蛾(é)

"此地无银三百两"

从前有一个人，名字叫张三。有一天，他得到了三百两银子。三百两银子可不是小数目，用今天的眼光看，差不多有二十磅(bàng)重呢。这么多银子，放在哪里才好呢？如果放在家里，他怕小偷来偷。如果放在外面，那就更危险了。他左想右想，终于想出了一个满意的办法。

晚上，天很黑，张三悄悄地来到屋后，挖了一个坑(kēng)，非常小心地把银子埋在里面，然后就回房去睡觉了。

可是，他在床上躺了一会儿，又开始不放心了："要是有人知道我的屋后埋着银子，那就糟了。"

这可怎么办呢？他苦苦地想，最后想出了一个办法。他找了一块木板，在上面写了七个字："此地无银三百两。"就把木板插在埋银子的地方。于是，他就完全放心地回家睡觉了。

第二天早晨，张三的邻居王二起来，一出门，看见了这块木板。王二就把银子挖了出来，拿回自己家里去了。可是，王二又想："要是人家知道这银子是我挖走的，那就糟了"。于是，他也想出了一个"好"办法来。

王二走到原来张三埋银子的地方，就在张三用的那块木板的后面，也写了七个字："邻居王二不曾偷。"写完以后，他也放心地做自己的事情去了。

新字新词：数目　磅(bàng)　满意　坑(kēng)

乌鸦和狐狸的第三个故事

这一天，狐狸从外面回来，又看见乌鸦叼着一块肉站在树枝上。狐狸马上高声叫道："您好啊，亲爱的乌鸦！您已经送过两块肉给我吃了，我真不知道应该怎样谢谢您才好！您可真是天下最好心的乌鸦了！"

乌鸦看了狐狸一眼，不作声。

狐狸接着又说："您也是一只最有办法的乌鸦。看您，又会唱歌，又会找肉。您能不能把找肉的办法告诉我？"

乌鸦站在窝旁边，还是不说话。

狐狸急了，说："您怎么老是不说话呀？我可是最喜欢爱说话的乌鸦，最不喜欢不说话的乌鸦！告诉我，最亲爱的乌鸦，您最喜欢什么，最不喜欢什么？"

乌鸦想了想，一口把肉吞(tūn)进肚里，然后对着狐狸大声说："现在让我来告诉你，我最喜欢吃肉，最不喜欢你这只狐狸！"

毕昇(bì shēng)发明活字印刷(shuā)（上）

同学们，你们学了《蔡伦造纸》这一课以后，都已经知道了纸是怎么发明的了。你们可能会接着想：那么，书又是怎么来的呢？是啊，今天，书对我们来说，简直和纸一样普通。可是，尽管有了纸，如果要把纸印成书，却也不是一件容易的事。

在一千年以前，书上的字，都是用木板来印刷(shuā)的。在印刷以前，要用小刀把字一个一个地刻在木板上，然后刷上墨(mò)(ink)，印在纸上。用这样的办法，如果要印一本几万字、十几万字的书，那就得刻许多许多的木板，非常不方便。

那时候，有一个名字叫毕昇(bì shēng)的人，很想把印刷的方法改(gǎi)进一下。他想：我们现在把字刻在木板上，刻一次只能用来印一本书。如果让刻出来的字，变成一个一个能活动的，可以反复(fù)使用，就不只是能印一本书，而是能印好几本书了，那不是既快又方便吗？经过了好多次试验，他终于发明了活字印刷。

新字新词：毕昇(bì shēng)　印刷(shuā)　反复(fù)

故事

毕昇发明活字印刷（下）

毕昇发明的活字，是用泥做材料的。他先用泥做成许多小方块。小泥块晾干了以后，他就在每个泥块上刻一个字，再放到火上去烤硬。印刷的时候，在一块铁板上放上一层蜡(wax)，把需要的泥字块，一个一个地排在铁板上面。排满了以后，就把铁板放在火上烤。蜡化了，再一冷，那些字块就粘在一起了。然后，在字上刷上墨，铺上纸，就可以印出一页一页的书来了。等书印好了以后，再把铁板放到火上一烤，在蜡化了却还没有完全冷下来的时候，就可以把那些泥字块拿下来，准备下一次印别的书用了。

毕昇发明的活字印刷，也是中国古代的四大发明之一，和造纸一样，对世界文明是一个伟大的贡献。

儿歌

大熊猫呀大熊猫，
又像熊来又像猫。
一会儿弯弯腿，
一会儿伸伸腰，
一会儿点点头，
一会儿把手招。
黑鼻子，白嘴巴，
圆圆的耳朵像核桃。
戴副黑眼镜，
腿粗脚儿小。
走一走，摇一摇，
看得人们哈哈笑。
请你走遍全世界，
让各国朋友瞧一瞧。

新字新词：晾干　烤　蜡　招　核桃

六只脚更快

古时候有一个人,他的主人派他去送一封十万火急的信。为了让他能够快点把信送到,主人特地选了一匹能跑得最快的马给他。

那人出发了,他举起鞭子,打了一鞭,马就飞快地跑起来。他呢,跟在马后面追着跑。

人们问他:"喂,你为什么不骑上马呀?"

那人回过头来说:"因为六只脚总比四只脚跑得更快呀!"

新字新词:十万火急

谜语

双手抓不起,
一刀切不开,
煮饭和洗衣,
都要请它来。

萝卜回来了（上）

冬天来了，小白兔早晨醒来，看到屋子外面满地都是白白的雪。小白兔饿了，出去找吃的。它找到两个萝卜，吃了一个就吃饱了。小白兔心想，天这么冷，不知道小鹿有没有吃的？让我把另一个萝卜送给小鹿吧。可是，小鹿不在家，小白兔就把萝卜放在小鹿的门口，自己回家了。

这时候，小鹿也正在外面找吃的。它找到了一棵青菜，很高兴。小鹿回到家，看见门口放着一个萝卜，很奇怪。小鹿心想：这是谁送来的呢？我已经吃饱了，天这么冷，不知道小猴子有没有吃的？让我把萝卜送给小猴子吧！小鹿去找小猴子，小猴子也不在家。小鹿就把萝卜放在门口，自己回家了。

四、田忌赛马

两千多年以前,中国的历史上,曾经有两段特殊的时期,一段叫做"春秋时期",一段叫做"战国时期"。

在春秋时期,原来的中国分成了许多小国,那些小国互相打仗,都想抢夺别国的土地。在战争中,有些小国扩大了,有些小国灭亡了。最后,只剩下了七个比较大的国家。

可是,这七个国家又互相打仗,抢夺别国的土地,都希望自己能够统一中国。这段时期,叫做"战国时期"。

战国时期的七个国家中,有一个齐国。齐国有一位大将,名字叫田忌。田忌很会打仗,又很喜欢赛马。齐王也喜欢赛马。有一次,齐王和田忌比赛跑马。齐王和田忌把各自的马分成上、中、下三个等级。比赛的时候,他们的上等马对上等马,中等马对中等马,下等马对下等马。齐王每个等级的马都比田忌的强,因此,三场比赛下来,田忌都失败了。

---- 词汇 ----

田忌　赛马　历史　曾经　两段　特殊　时期　春秋　战国　原来
互相　打仗　抢夺　别国　土地　战争　扩大　灭亡　剩下　能够
统一　齐国　大将　喜欢　比赛　等级　上等　下等　因此　失败

---- 生字 ----

忌 jì　赛 sài　段 duàn　殊 shū　期 qī　互 hù　仗 zhàng　夺 duó　灭 miè　亡 wáng　扩 kuò　统 tǒng　失 shī　败 bài

课文 第六周

田忌的好朋友孙膑也在看赛马。他过来拍着田忌的肩膀说:"从刚才的情形看,大王的马比你的马快不了多少啊……"

田忌打断孙膑的话,说:"想不到你也来挖苦我!"

孙膑说:"我不是挖苦你,如果你再同他赛一次,我有办法让你取胜。"

田忌半信半疑地问:"你是说另外换几匹更快的马吗?"

孙膑摇了摇头,说:"不是。一匹马也不用换。"

齐王正在那里得意洋洋地夸耀自己的胜利,看见田忌和孙膑在那里说话,就嘲笑田忌说:"怎么,难道你还不服气?"田忌说:"当然不服气,咱们再赛一次!"齐王说:"好,那就来吧!"

一声锣响,赛马又开始了。孙膑让田忌先用下等马对齐王的上等马,第一场田忌输了。接着进行第二场比赛。孙膑让田忌拿上等马对齐王的中等马,第二场田忌胜了。第三场,田忌拿中等马对齐王的下等马,结果又胜了一场。田忌赢了齐王。

马还是原来的马,只是换了一下出场的顺序,田忌就转败为胜了。

---- **词汇** ----

孙膑　肩膀　刚才　情形　打断　挖苦　取胜　半信半疑　另外　换　得意洋洋　夸耀　胜利　嘲笑　服气　当然　咱们　锣　输　接着　结果　赢　出场　顺序　转败为胜

---- **生字** ----

bìn	xíng	qǔ	kuā	yào	zán	luó	yíng	xù
膑	形	取	夸	耀	咱	锣	赢	序

文字和语法 第五周

"对"字的用法

- "对" as "correct":

  蔡伦的想法是对的。

  我觉得"有志者事竟成"这句话说得很对。

- "对" as "to":

  哥哥对我说:"今天放学以后我有事,你自己先回家吧!"

  对她来说,早回家或晚回家都可以。

- "对" as "to counter":

  比赛的时候,他们的上等马对上等马,中等马对中等马,下等马对下等马。

  昨天的篮球赛,我们四年级对五年级,结果我们把他们打败了。

"等"字的用法

- "等" as "to wait":

  我们等一等再走吧,人还没有到齐呢!

  等到夏天,我们就可以每天去游泳了。

  小丽在等她朋友的电话。

- "等" as "class":

  齐王和田忌把各自的马分成上、中、下三个等级。

  田忌的上等马不如齐王的上等马。

  我哥哥是中等个子,不算特别高,也不算特别矮。

"每"和"没"

- 在括号里填上"每"或"没":

  齐王(　)个等级的马都比田忌的强。

  从前,世界上根本(　)有纸。

  他平常(　)天都会到我家来,可是今天却(　)有来。

文字和语法 第六周

"难道"的用法

- "难道" as "it can't be that":

  齐王嘲笑田忌说:"怎么,难道你还不服气?"

  岳飞的妈妈问岳飞:"我让你用卖布的钱去买笔和纸,难道你忘了?"

  我明明把书放在桌上的,怎么不见了呢?难道是长翅膀飞走了?

  你为什么对着我笑?难道我说错了?

"服"字的用法

- "服" as "clothes, dress":

  这件衣服破了,换一件别的穿吧。

  去参加舞会 (dancing party) 要穿比较正式的 (formal) 服装。

- "服气" as "to be convinced":

  田忌虽然输给了齐王,但是心里仍然不服气。

  王明乒乓球打得比我好得多,输给他我很服气。

- "服" as "to take medicine":

  生了病,一定要按时服药。

  别忘了,这药是临睡以前服用的。

- "服从" as "to obey":

  皇帝的命令谁都得服从。

  做游戏的时候,弟弟完全服从哥哥。

- "服务" as "to serve, service":

  在学校里为同学服务是一件很有意思的事。

  这个饭店我们去过,他们不但菜特别好,而且服务也非常好。

字形 字义 字音

殊—珠	苦—古	亡—忘	剩—乘	忌—己—记
趣—取	夺—奇	输—偷	嘲—朝	够—狗—句
另—别	原—愿	气—汽	级—极	主—住—注

常用的汉字有多少

下课了，王小强还不想离开教室。他有一个很重要的问题想问李老师。老师正在擦黑板，王小强走上前去，问道："李老师，一本书上有几万个字，中文书又有成千上万，那么，汉字该有多少万个啊！我们怎么学得了这么多的汉字呢？"

李老师微笑着说："这是一个很有趣的问题。汉字虽然看起来很多，其实却比你想像得要少。我们现代书上用的汉字，总共只有六千三百多个。其中常用的字，只有两千来个。而我们生活中最常用的字呢，只有五六百个。"

王小强问："李老师，您总说常用字，是不是书上经常出现的字？"

李老师说："对。你相信吗，一个人如果学会了最常用的五百多个字，读起一般的书来，就能认识一半以上的字了。现在你已经学会了一千多个常用汉字了，一般书上的字，你已经能够认百分之九十左右了。如果你学会了那两千来个常用字的话，普通中文书上的字，你就能认出百分之九十五以上了！到了那时候，你读起中文书来，就会感到非常方便了。"

王小强惊奇地说："真没想到，常用字这么有用！我一定要努力学好常用字，牢牢地记住这些字！"

献给亲爱的妈妈

今天我要把心里的话，

献给我亲爱的妈妈。

妈妈！亲爱的妈妈，

世界上谁也比不上您。

在世界上，

我第一个认识的人就是妈妈。

看见我第一个微笑的是妈妈。

教我说第一句话的是妈妈。

拉着我的手，教我走第一步的是妈妈。

我听话的时候，妈妈喜欢。

我生病的时候，妈妈着急。

我淘气的时候，妈妈生气。

我有了错误，只要低着头走到妈妈面前，

妈妈就会把我搂在怀里。

不管什么时候，

妈妈爱我胜过爱她自己。

亲爱的妈妈，亲爱的妈妈，

我永远爱您，

我要永远让您高兴。

新字新词：错误　搂在　怀里

课后阅读 第五周（3&4） 幽默

小方的新发现

有一天，妈妈带小方去店里买日历。小方不声不响地站在那里，左挑右挑，一本一本地翻看。他的手边很快堆起了一大堆日历。挑了好久，他终于失望地摇起头来。

妈妈问小方："孩子，你究竟想挑一本怎么样的呢？让我来试试，看能不能帮你挑到满意的日历。"小方说："唉，我想挑一本星期六和星期天特别多的。可是我发现，所有的日历上星期六和星期天都是一样多！"

新字新词：日历 失望 星期六

谜语

忽然不见忽然有，

像龙像虎又像狗，

太阳出来它不怕，

大风一吹它就走。

谜底：云

温故知新

萝卜回来了（下）

　　这时候，小猴子也在外面找吃的。它找到了几颗花生，很高兴。小猴子回到家，看见门口放着一个萝卜，很奇怪。小猴子心想，这是谁送来的呢？我已经吃饱了，天这么冷，不知道山羊有没有吃的？让我把萝卜送给山羊吧！小猴子去找山羊，山羊也不在家。小猴子就把萝卜放在山羊的门口，自己回家了。

　　这时候，山羊也在外面找吃的。它找到了不少树叶，吃完了就往家里走去。山羊回到家，看见门口放着一个萝卜，很奇怪。山羊心想，这是谁送来的呢？我已经吃饱了，天这么冷，不知道小白兔有没有吃的？让我把萝卜送给小白兔吧！

　　山羊来到小白兔家，它轻轻地推开门，看见小白兔在睡觉。山羊不想叫醒小白兔，就把萝卜放在桌上，自己回家了。

　　过了一会儿，小白兔醒来了。它睁开眼睛一看："咦，萝卜怎么回来了？"

鼠牛争第一

十二种动物被选中做了生肖以后，就都争着做第一生肖。天帝说道："别争了，我看你们中间牛最大，就让牛做第一生肖吧！"老鼠听了，不服气地说："谁说牛最大，老鼠才大呢！"大家听了都嘲笑老鼠："天下有说老鼠大的人吗？真是不自量力！"

老鼠不慌不忙地回答："你们先别嘲笑我们。明天早上，让牛和老鼠一起到街上走一趟，看看人们怎么说，行不行？"天帝说："既然如此，那好吧。明天你们各派一只老鼠和一头牛来，如果人们说老鼠大，那就算老鼠赢了，我就让老鼠做第一生肖。"

第二天早上，牛和老鼠都来到了街上。为了和牛比赛，老鼠派来了它们中间最大的一只。牛呢，想到老鼠怎么也不可能比自己大，就派来了一头普普通通的牛。那只老鼠实在很大，比一般的老鼠要大得多，看上去好像一只小猫一样。街上的人从来没见过这么大的老鼠，便纷纷说："快来看大老鼠啊，这只老鼠真大！"而走在老鼠旁边的牛呢，因为它只是一头普通的牛，街上没有一个人说它大。

老鼠和牛回到了天帝那儿，老鼠得意地说："怎么样，人们都说我大吧！牛先生，你有没有听到街上的人说你大呀？"牛摇了摇头，说不出话来。就这样，老鼠赢了牛，就做了第一生肖。牛服服气气，排在了老鼠的后面。

新字新词：不自量力　不慌不忙　街上　排在

一鼓作气

春秋时期，齐国是大国，鲁国是小国。有一次，齐国出兵去打鲁国。鲁国的国王请了一个叫曹刿的人，和他一起领兵迎战齐军。

古时候打仗，在进攻前要敲起战鼓。双方战鼓一响，士兵们就冲出去和敌军打仗。如果一方战鼓敲了三遍，而对方还不迎战，那就算对方认输了。

齐军的战鼓敲响了！鲁国的军队正要敲起战鼓去迎战，曹刿却说："不要动，时机 (timing) 还没有到。"

过了一会儿，又传来了齐军的战鼓声。鲁国的军队又要敲起战鼓去迎战，可是曹刿仍然说："不要动，时机还没有到。"

又过了一会儿，齐军敲起了第三遍战鼓。这时候，曹刿才说："时机到了！去迎战敌人吧！"鲁国的军队把战鼓敲得震天响，士兵们英勇地冲杀出去，很快就把齐军打败了。

鲁王问曹刿："为什么齐军开始敲鼓的时候，你不让鲁国的军队也敲鼓迎战呢？"

曹刿回答说："打仗靠的是士兵的勇气 (courage)。齐军敲第一遍鼓的时候，他们士兵的勇气最高。敲第二遍鼓的时候，他们士兵的勇气就不如第一遍那么高了。到了敲第三遍鼓的时候，齐军士兵的勇气更低了。而这时候，我们敲第一遍战鼓，我们的士兵正是勇气最高的时候，所以我们就能够战胜齐军。"

我们做事情也和打仗一样，如果一口气努力地把事情做完，常常比较容易成功。

新字新词：曹刿　进攻　敲起　冲出去　迎战　时机　勇气

谁赢了

张三和李四比赛下棋,张三输了。可是,张三又不愿意说出"我输了"这三个字。别人问他:"张三哪,你和李四下棋,谁赢了呀?"张三回答说:"我和李四下了三盘棋。第一盘,他没有输。第二盘,我没有赢。这第三盘呢,我想胜他不让我胜。"

新字新词:盘(pán)

绕口令

墙上有面破锣,

地上有只破锅,

床上有条破裤,

桌上有块破布。

破锅怕破锣打破锅,

破裤要破布补破裤。

整天唱歌的蝈蝈

蚂蚁和蝈蝈都住在田里。蚂蚁从早到晚忙着找吃的，找到了吃的东西，就放到家里藏起来。蝈蝈呢，什么事也不做，整天抱着琴唱歌玩。

天气越来越冷了，外面再也找不到吃的东西了。有一天，蝈蝈饿着肚子，走过蚂蚁家门口。它看见蚂蚁家里藏着很多好吃的东西，就对蚂蚁说："好朋友，我饿得很，你们能不能给我一点吃的？"

"你夏天在做什么啊？"蚂蚁问，"你为什么没有找吃的东西藏起来呢？"

蝈蝈说："整个夏天我都在唱歌啊！"

"那么，"蚂蚁说，"你也可以唱着歌过冬呀！"蝈蝈听了，只好惭愧地走开了。

五、东郭先生和狼

东郭先生牵着毛驴在路上走。毛驴背上驮着个口袋，口袋里面装着一些书。忽然，从后面跑来一只狼，慌慌张张地说："先生，救救我吧！猎人快追上我了，让我在你的口袋里躲一躲吧。躲过了这场灾难，我永远忘不了你的恩情。"东郭先生犹豫了一下，看狼那可怜的样子，就答应了狼。他倒出口袋里的书，把狼往口袋里装。可是，狼的身子很长，装来装去，怎么也装不下。

猎人越来越近了，已经听到马蹄声了。狼很着急，它说："先生，求求您快一点儿吧！猎人一到，我就完了。"说着，它就躺在地上，并拢四条腿，头贴着尾巴，叫东郭先生用绳子捆住。东郭先生把狼捆好，塞进口袋，上面又装上书，绑紧了口袋。他把口袋放到驴背上，继续往前走。

猎人追上来了。他手里提着弓，弓上搭着箭，问东郭先生："您看见一只狼没有？它偷吃了村里的好几只羊，我要射死它！"东郭先生犹豫了一下，说："没有。它也许从别的路上逃走了。"

猎人走了，越走越远，听不到马蹄声了。这时候，狼在口袋里说："先生，我可以出来了。"东郭先生就把它放了出来。狼伸伸腰，舔舔嘴，对东郭先生说："我现在饿得很，如果找不到东西吃，我一定会饿死的。先生，您既然救了我，就把好事做到底，让我把您吃了吧！"说着，狼就向东郭先生扑过去。

东郭先生大吃一惊，只好绕着毛驴躲避。他躲到毛驴左边，狼就扑到毛驴左边；他躲到毛驴右边，狼就又扑到右边。东郭先生累得直喘气，嘴里不住地骂着："你这没良心的东西！你这没良心的东西！"

正在这时候，有个农民扛着一把锄头走过来。东郭先生连忙上前，把事情的经过告诉了他，问道："您看，狼应该吃我吗？"狼抢着说："他刚才捆住我，把我装进口袋，这哪里是要救我，分明是想闷死我。这样的坏人，难道不应该吃吗？"

那个农民想了想，说："你们的话，我都不信。口袋这么小，怎么装得下一只狼？我得亲眼看一看，狼是怎样装进去的。"

狼同意了。它又躺下来，并拢四条腿，头贴着尾巴。东郭先生又用绳子把它捆住，塞进口袋里。

东郭先生正准备再往口袋里装书，那个农民一步抢上前，把口袋绑得紧紧的。他对东郭先生说："你去救吃人的狼，真是太糊涂了！"说着，他举起锄头，把狼打死了。

生字、词汇 第七周

词汇

东郭先生　牵着　毛驴　驮着　口袋　装着　一些书　慌慌张张
猎人　追上　躲一躲　灾难　永远　恩情　犹豫　可怜　马蹄
着急　躺在　并拢　贴着　绳子　捆住　塞进　绑紧　继续

生字

guō	qiān	liè	zāi	nàn	ēn	lián	tí	bìng	lǒng	kǔn	sāi	bǎng
郭	牵	猎	灾	难	恩	怜	蹄	并	拢	捆	塞	绑

生字、词汇 第八周

词汇

提着弓　搭着箭　偷吃　村里　射死　伸伸腰　舔舔嘴　饿得很
既然　扑过去　大吃一惊　绕着　躲避　累得　直喘气　不住地
骂着　良心　农民　锄头　经过　应该　分明　闷死　坏人　亲眼
同意　准备　糊涂　举起

生字

tí	gōng	dā	jiàn	cūn	shè	yāo	duǒ	bì	liáng	nóng	mín	chú	mēn	huài
提	弓	搭	箭	村	射	腰	避	良	农	民	锄	闷	坏	

文字和语法 第七周

如果……就……

- "如果……就……" as "if ... then":

  "如果猎人一到,我就完了。"

  我们如果能够记住最常用的一千来个汉字,读中文的故事就容易了。

  如果那个玩具太贵,就不要买了。

"verb +来 verb +去"

- "verb +来 verb +去":

  狼的身子很长,装来装去,怎么也装不进东郭先生的口袋。

  我们找来找去,终于找到了博物馆(bó)(museum)。

  她家的电话我打来打去打不通。

……不……

- 用"……不……"提问题:

  "猎人快追上我了,能不能让我在你的口袋里躲一躲?"

  他们知道不知道这儿不能停车?

  你们跟爸爸妈妈说不说中文?

多音字"着"

- "着"(zhe):

  东郭先生牵着毛驴在路上走。

  东郭先生大吃一惊,只好绕着毛驴躲避。

- "着"(zháo):

  狼很着急,它说:"先生,求求您快一点吧!"

  去露营(lù yíng)的时候要多穿一点衣服,要是着凉生了病,就玩不痛快了。

  昨天我们邻居家的小孩玩火柴,他家的房子差一点着火。

  玩电脑游戏不是坏事,但是着了迷可就不好了。

文字和语法（第八周）

既然……就……

- "既然……就……" as "since...then"：

  "先生，您既然救了我，就把好事做到底，让我把你吃了吧！"

  既然等不到他，我们就只能自己先走了。

  既然你知道瓷器容易打碎，就应该特别小心才是！

"越"字的用法

- "越＋verb＋越" and "越来越" as "more and more"：

  猎人走了，越走越远，听不到马蹄声了。

  猎人走得越来越远，听不到马蹄声了。

  蔡伦的纸越造越好，人们终于能在既便宜又好用的纸上写字了。

  蔡伦的纸造得越来越好，人们终于能在既便宜又好用的纸上写字了。

- "越……越……" as "the more ... the more"：

  东西越贵，能用的人就越少，纸也是一样。

  做事情不能太着急，常常是越着急，越做不好。

- "越" as "to get over"：

  富和尚问："从四川到南海，要越过千山万水，你打算怎么去呢？"

  我们的汽车翻山越岭，从美国的西海岸 (west coast) 一直开到东海岸。

  等人们追出来的时候，小偷已经越墙逃跑了。

真是太……

老农民对东郭先生说："你去救吃人的狼，真是太糊涂了！"

老师说我们下个月会去参观水族馆(zú) (aquarium)，真是太好了！

你借给我的那本书真是太好看了，谢谢你！

				字形　字义　字音
牵—牢	躲—朵	恩—思	塞—赛	箭—前　毬—球—求
舔—添	累—紧	捆—困	提—是	底—低　拢—龙—笼
锄—助	亲—新	良—狼	胡—糊—蝴—湖	射—躺—躲—躬

父子俩和他们的驴

一大早,有父子俩赶着一头驴到附近的市场上去卖。

"瞧哇!"路边的一个小姑娘说:"有驴不骑,多傻呀!"老头儿听见了,立刻叫儿子骑到驴上去,自己高高兴兴地跟着走。

不一会儿,他们走到了一群老人跟前。一个老人手指着这父子俩,对旁边的人说:"嘿,这可以证明我刚才说的话不错,现在的年轻人一点也不关心老人。你们看,那个懒小子,自己骑着驴,倒叫他爸爸跟着走,真是太不像话了!"

老头儿听见了这话,就叫儿子下来,自己骑到驴上去。

他们向前走了没多远,又遇见了一群妇女。"唉,你这老人家可真懒!自己骑着驴,倒叫孩子跟着跑!别累坏了孩子啊!"

那个老头听见了,就又连忙让儿子也坐到驴子上来。

"哟!"路边又有人说话了,"这两个人,一点也不爱惜自己的驴子,两个人骑一头驴子,不把驴子压死才怪呢!"

父子俩一听见这话,就立刻从驴背上跳了下来。骑也不是,不骑也不是。于是,他们就拿绳子把驴捆了起来,抬着往前走。市场上的人见了,说:"多希奇呀!这头驴要人抬着走,一定是有病的!谁要买一头病驴呢?"父子俩听了,实在不知道该怎么办才好了。

新字新词:压死

南guō郭先生

yú竽是竹子做的一种乐yuè qì器(instrument)，可以吹出很好听的歌qǔ曲。从前，齐国的一个国王，喜欢听许多人一起吹竽。他经常找三百多个人来，一起吹竽给他听。有一个叫南郭先生的人，明明不会吹竽，却自称是吹竽的能手。他hùn混在吹竽的人群里，摇头晃脑地装作很会吹竽的样子。南郭先生骗过了齐王，和其他吹竽的人一样，也得到了齐王给的钱。

后来，齐王死了，齐王的儿子当上了新齐王。新齐王也喜欢听人吹竽。可是，和他父亲不同的是，他喜欢听人一个一个地吹。这么一来，南郭先生可混不下去了，只好偷偷地溜走了。

这个故事流传下来，教人们做事要有真本事。

新字新词：竽　乐器　歌曲　能手　混在　流传　本事

幽默

钱不会丢的

张三拿了钱，带了一个布袋，到街上去买米。不知怎么一来，他把布袋丢了。

回到家里，张三对妻子说："今天街上可真热闹，你挤来，我挤去，许多人把带的布袋都挤掉了！"

妻子说："难道你的布袋也挤掉了？"

"是啊！要不我怎么空着手呢？"

妻子着急地说："那么，你的钱呢？"

张三得意地说："你放心！钱倒不要紧，我把钱紧紧地绑在布袋里，不会丢的！"

新字新词：挤

谜 语

一只眼睛开，
一只眼睛闭，
开的眼睛看准你，
闭的眼睛眨一眨，
画下你。

埋蛇的孩子

从前,有一个孩子名字叫孙叔敖。

有一次,他到外面去玩,看见路边有一条两头蛇。他听人说过,看见两头蛇的人,不久就会死。他怕别人也会看见这条蛇,就把蛇打死,在地上挖了个洞,用土埋好。

孙叔敖回到家里,一看见妈妈,就哭了起来。妈妈一边给他擦眼泪,一边奇怪地问他为什么哭。他告诉妈妈:"我今天看见一条两头蛇。因为想到自己很快就要死了,所以心里很难过。"

妈妈问道:"孩子,那条蛇现在在哪里?"

孙叔敖回答说:"我怕别人看见,别人也会死。所以我就把蛇打死,埋在土里了。"妈妈拉着孙叔敖的手,说:"孩子,你这样做是对的。你听说的那种说法不是真的,你别难过。"

孙叔敖听了妈妈的话,就不再哭了。他长大了以后,为人们做了很多好事。

我会变

我会变。太阳一晒,我就变成了汽。升到空中,我又变成了无数极小极小的小水点儿,连成一大片,在空中飘浮。有时候我穿白衣服,有时候我穿黑衣服。早晨和傍晚我又披上了大红袍,人们都叫我"云"。

我在空中飘浮着,碰到了冷风,就结成小水珠掉下来,人们就叫我"雨"。

有时候我变成小硬球打下来,人们就叫我"冰雹"。到了冬天,我变成小花朵飘下来,人们就叫我"雪"。

我有时候很温和,可有时候又很暴躁。我给人们做过许多好事,却也做过许多坏事。因此,人们就想出种种办法来管住我,让我只做好事,不做坏事。

小朋友,你们知道我是谁吗?

新字新词:飘浮 大红袍 小水珠儿 冰雹 温和 暴躁

神射手

有一个少年学射箭。在靠近房子的树上，正好有一只鸟。师傅就叫他射那只鸟。他搭上了箭瞄准的时候，师傅问他："你看见鸟了吗？""看见了。"他回答。师傅又问："你看见树了吗？""看见了。"他又答。师傅再问："你看见房子了吗？""看见了。"师傅说："那么，你等一会儿再射吧。"

又过了一会儿，师傅又叫他瞄准，他又准备好了。师傅又问他看到鸟儿、树和房子没有。这一次，他看不见房子，只看见树和鸟。师傅就叫他放下箭，仍然不让他射。

再过了一会儿，少年又举起弓箭来瞄准。师傅又问他看到了鸟儿、树和房子没有。他说这次他只看到那只鸟，树和房子都看不见了。师傅说："好，现在你可以射了。"嗖的一声，少年就把鸟射下来了。

学射箭的少年问："师傅，为什么看见房子和树时，就不能射箭？"师傅告诉他："在射鸟时，如果你看到房子和树，这就是不专心；如果不专心，就射不中。"

从此以后，少年很专心地学习射箭。过了几年，他的箭射得很准，不论是天上飞的鸟，地上跑的野兔，只要他拉弓一射，没有射不中的。于是，大家都称赞他是神射手。

新字新词：少年　师傅　瞄准　嗖　专心

刻舟求剑

古时候学武的人，出门都喜欢带一把剑。他们把剑挂在腰上，看上去非常威武。有一次，一个学武的人坐船过一条大江，腰上照样挂着一把他心爱的剑。江水翻着波浪，小船轻轻地左右摇摆着。那人站在船上，不小心，一个转身，他的剑从剑鞘(sheath)里滑了出来，掉到江水里去了。

划船的人惊叫道："糟了！您的剑掉到江里去了！"

只见那学武的人不慌不忙地弯下了腰，从身上拿出一把小刀来，在船边剑掉下去的地方，刻了几条线。他一边刻，一边不紧不慢地说："这有什么要紧，等一会儿船靠了岸，我就从这刻了线的地方，下水去把剑捞起来就是了。"

等船靠岸了以后，他果然扑通一声跳下水去。可是没想到，他捞了半天，连剑的影子都没捞到。

新字新词：刻舟求剑　剑鞘　滑

骆驼和羊

夏天的早晨，骆驼和羊一起去散步。骆驼很高，羊很矮。骆驼说："长得高好。"羊说："错了，长得矮才好呢。"骆驼说："我可以做一件事情，证明高比矮好。"羊说："我也可以做一件事情，证明矮比高好。"

他俩走到了一个园子旁边。园子四面有围墙，里面种了很多树，树上的许多枝叶伸出墙来。骆驼一抬头，就吃到了树叶。羊举起前腿，扒在墙上，脖子伸得老长，还是吃不着树叶。骆驼得意洋洋地说："你看，这可以证明了吧，高比矮好。"羊摇了摇头，不肯认输。

他俩又向前走了几步，看见围墙上有个又窄又矮的门，门里面的草绿油油的。羊大模大样地走进了园子去吃草。骆驼跪下前腿，低下头往门里钻，可是怎么也钻不进去。羊得意洋洋地说："你看，这可以证明了吧，矮比高好。"骆驼摇了摇头，也不肯认输。

他俩找老牛评理，请老牛说说到底是长得高好，还是长得矮好。老牛笑笑说："你们各有各的长处，也各有各的短处。如果你们既看到自己的长处，又看到自己的短处，就不会在这里争论不休了。"

总生字表

一、小丽长大了（15）

pàn	xié	dài	qún	qiè	háo	yè	bǎn	sǎo	qí	lóu	yō	chá	lǐ	mào
盼	鞋	戴	裙	切	毫	业	板	扫	齐	楼	哟	茶	礼	貌

二、十二生肖歌（16）

xiāo	shǔ	wǔ	yín	qí	bīng	mián	shang	sī	dǒu	tí	fáng	tōu	guāi	láo	jì
肖	属	武	银	骑	兵	绵	裳	丝	斗	啼	防	偷	乖	牢	记

三、蔡伦造纸（27）

cài	lún	pǔ	tōng	bān	cán	báo	bó	guì	pián	yi
蔡	伦	普	通	般	蚕	薄	帛	贵	便	宜

káng	yú	wǎng	guō	zhǔ	dǎo	jiāng	céng	tiē	hòu	yà	zhōu	ōu	wén	gòng	xiàn
扛	渔	网	锅	煮	捣	浆	层	贴	厚	亚	洲	欧	文	贡	献

四、田忌赛马（23）

jì	sài	duàn	shū	qī	hù	zhàng	duó	miè	wáng	kuò	tǒng	shī	bài
忌	赛	段	殊	期	互	仗	夺	灭	亡	扩	统	失	败

bìn	xíng	qǔ	kuā	yào	zán	luó	yíng	xù
膑	形	取	夸	耀	咱	锣	赢	序

五、东郭先生和狼（27）

guō	qiān	liè	zāi	nàn	ēn	lián	tí	bìng	lǒng	kǔn	sāi	bǎng
郭	牵	猎	灾	难	恩	怜	蹄	并	拢	捆	塞	绑

tí	gōng	dā	jiàn	cūn	shè	yāo	bì	liáng	nóng	mín	chú	mēn	huài
提	弓	搭	箭	村	射	腰	避	良	农	民	锄	闷	坏

（合计108字，累计1155字）

疑难词表

Glossary

一、小丽长大了

盼望：hope; look forward to
围裙：apron
毫无用处：to no avail
惊奇：astonished
礼貌：courtesy
接待：receive guests
尽管：even though
仍然：still

二、十二生肖歌

生肖：zodiac
让步：back down
好帮手：good helper
百兽之王：king of beasts
威武：majestic
骑兵：calvary
冲杀：charge
翻跟斗：somersault
防小偷：guard against thieves

三、蔡伦造纸

印：print
毫不犹豫：without a doubt
常用：commonly used
不在乎：don't care
帛：silk fabric
蚕丝：silk
渔网：fishing-nets
捣成糊：mush to paste
纸浆：paper-paste
一层：one layer; one level
贴在：stick on
之一：one of
亚洲：Asia
欧洲：Europe
文明：civilization
贡献：contribution

四、田忌赛马

历史：history
曾经：once
两段：two parts; two sections
特殊：special (literary form)
时期：period of time; epoch
打仗：battle; have war
抢夺：rob; take over
灭亡：destroyed
扩大：expand
统一：unite under one
大将：general
等级：class; level
因此：therefore
失败：lose; defeat
情形：situation
挖苦：tease
夸耀：boast

五、东郭先生和狼

慌慌张张：frantically
猎人：hunter
灾难：disaster
恩情：kindness
犹豫：doubtful
可怜：pitiful
马蹄：horse hooves
弓：bow
搭着箭：notched the arrow
射：shoot
既然：since
良心：conscience

马立平课程

中 文

四 年 级
第二单元

编写　马立平

审定　庄　因

插图　陈　毅

一、时光老人的礼物

你把东风带给树枝，
让小鸟快活地飞上蓝天；
你把青草带给原野，
让千万朵鲜花张开笑脸。

你把阳光带给山谷，
让积雪化成清清的泉水；
你把细雨带给田地，
让种子闻到泥土的香味。

你把春天带给我们，
这份珍贵的礼物赛过黄金；
你把一年的大好时光，
同样地分给我们每人一份。

三百六十五天，
谁也不多，谁也不少；
就看我们呀——
能不能把你安排得最好。

懒惰的人整天东荡西游，
你就从他身边悄悄溜走；
把一大堆没做完的事情，
一古脑儿丢在他的前头。

糊涂的人整天没头没脑，
你去远了，他一点也不知道，
人家都在努力要赶上你，
他总是摇头说还早还早。

课文 第一周

我们可不懒惰也不糊涂，
好少年谁也不肯落后；
因为我们知道：
你一去就不再回头。

从今天起，我们要学习更多的知识，
因为知识就是力量；
我们也要经常锻炼身体，
因为一切都离不开健康。

时光老人呀，
你的礼物是多么美好！
请相信我们吧，
我们决不浪费一分一秒！

词汇

时光　礼物　东风　带给　快活　原野　鲜花　张开　笑脸　阳光
山谷　积雪　化成　清清的　泉水　细雨　闻到　泥土　香味
这份　珍贵　赛过　黄金　安排　懒惰　东荡西游　悄悄　溜走
一古脑儿　糊涂　没头没脑　努力　少年　不肯　落后　知识
力量　锻炼　身体　健康　美好　相信　决不　浪费

生字

gǔ	quán	wén	wèi	fèn	zhēn	ān	pái	lǎn	duò	duàn	liàn	tǐ	jiàn	kāng
谷	泉	闻	味	份	珍	安	排	懒	惰	锻	炼	体	健	康

文字和语法 第一周

"礼"字组成的词

- "礼物" as "gifts, presents":

  时光老人呀，你的礼物是多么美好！

  送给老师的新年礼物是我们自己动手做的。

- "礼貌(mào)" as "courtesy, politeness":

  我们从小要学会有礼貌。

  没礼貌的人到处都不受欢迎。

- "行礼" as "to give a salute":

  爷爷告诉我，在他小的时候，学生见到老师要向老师行礼。

  在中国的小学里，我看到学生在升(shēng)国旗(qí)的时候向国旗行礼。

"闻"字的用法

- "闻" as "to smell":

  "你把细雨带给田地，让种子闻到泥土的香味。"

  放学回家一进门，我就闻到好香的味道，准是奶奶又做了好吃的了。

- "闻" as "to hear":

  你听了今天的重要新闻 (news) 没有？

  中国古老的文化 (culture) 世界闻名 (well known)。

"野"字的用法

- "野" as "open country, the open":

  "你把青草带给原野，让千万朵鲜花张开笑脸。"

  "要是你在野外迷了路，可千万别慌张。"

- "野" as "wild":

  野花 (wild flower)　野草 (weeds)　野果 (wild fruit)　野营 (camping)

  野兽 (wild beast)　野兔 (hare)　野猪 (wild boar)　野生动物 (wild animals)

字形　字义　字音

原—愿　　脸—险　　泥—呢　　荡—汤　　溜—留　　谁—堆—推

闻—问　　因—困　　重—量　　经—轻　　锻—段　　糊—胡—湖

强—虽　　浪—狼　　清—情—晴　　份—纷—分

小水滴和斧头

在一个静静的山谷里，有一个滴水泉。清清的泉水，一滴一滴地滴下来，滴在硬硬的大石头上。

大石头的旁边，躺着一把新斧头。不知是哪个粗心的人，把它带上山来，丢在了这里。斧头躺在地上休息，整天没事干，它抬起头来对泉水说：

"喂，小水滴，咱们比比本领吧，看谁的力气大！让我们赛一赛，看谁能把石头凿个洞吧！"那小水滴"滴答、滴答"地滴着，好像在回答："好啊！好啊！"

斧头想，"看我有这铁头，凿石头还不容易？"它跳起身来，使出全身的力气，把铁头向那石头撞去，石头上留下了一道浅浅的白印。这么硬的石头，要哪年哪月才能凿出一个洞来呢？斧头不愿意再继续比赛了，它把身体舒舒服服地躺在青草地上，闭起了眼睛。

小水滴呢？它却仍然快活地滴着，一滴，一滴，不断地滴在石头上，似乎是在唱着永远也唱不完的歌。

很多年过去了。有一天，一个孩子来到了泉边，他惊奇地喊起来："哎呀，小水滴把大石头凿了一个洞呢！真了不起！"

再看那把斧头呢，它早已经变成了一堆锈铁，完全没有原来的模样了。

新字新词：硬硬的 喂 凿 撞 了不起 锈铁

挂钟和镜子的对话

小康的房间里，住着一面崭新的镜子和一个古老的挂钟。镜子的脸总是擦得又干净又明亮，挂钟的摆(pendulum)整天"滴答"、"滴答"地摇来摇去。

有一天半夜，屋子里静悄悄的。小康醒过来，他迷迷糊糊地听见镜子和挂钟正在谈话。他听见镜子问挂钟："喂，挂钟大哥，你的摆一直这样摇来摇去，好像总是很不满意的样子，这究竟是为了什么呢？"

挂钟叹了一口气，答道："唉，镜子老弟，我看到小康整天东游西荡，不肯努力学习。他这么不爱惜时间，我实在为他感到伤心哪！"

镜子说："可是，光着急又有什么用呢？难道你不能好好提醒他一下吗？"

"我是一直在不断地提醒他呀！"挂钟说，"每过不久，我就'叮当叮当'地响上一阵，那就是告诉他：注意，又有一个小时悄悄地从你身边溜走了，你的一生又少了一个小时！"

小康听了镜子和挂钟的谈话，觉得很惭愧。从此以后，他开始爱惜分分秒秒，再也不浪费时间了。

新字新词：崭新（brand new）

歌谣

时间的歌

我是快活的小分秒,

我有两只飞快的脚,

滴答,滴答,

一刻不停地向前跑。

小朋友,请你快来把我找。

爱我就能找到我,

分分秒秒都是宝。

要是把我浪费了,

从此再也找不到。

小弟和小貓

我家有個小弟弟，
聰明又淘氣，
每天爬高又爬低，
滿頭滿臉都是泥。

媽媽叫他來洗澡，
裝沒聽見他就跑。
爸爸拿鏡子把他照，
他閉上眼睛咯咯地笑。

姊姊抱來小花貓，
拍拍爪子舔舔毛，
兩眼一眯，喵喵喵，
"誰和我玩，誰把我抱？"

弟弟伸出小黑手，
小貓連忙往回跳，
鬍子一翹頭一搖：
"不妙，不妙，
太髒，太髒，我不要！"

姊姊聽見哈哈笑，
爸爸媽媽皺眉毛，
小弟聽了真害臊：
"媽！媽！
小貓說我不乾淨，
請您快快給我洗個澡！"

小弟和小猫

我家有个小弟弟,
聪明又淘气,
每天爬高又爬低,
满头满脸都是泥。

妈妈叫他来洗澡,
装没听见他就跑。
爸爸拿镜子把他照,
他闭上眼睛咯咯地笑。

姐姐抱来小花猫,
拍拍爪子舔舔毛,
两眼一眯,喵喵喵,
"谁和我玩,谁把我抱?"

弟弟伸出小黑手,
小猫连忙往回跳,
胡子一翘头一摇:
"不妙,不妙,
太脏,太脏,我不要!"

姐姐听见哈哈笑,
爸爸妈妈皱眉毛,
小弟听了真害臊:
"妈!妈!
小猫说我不干净,
请您快快给我洗个澡!"

二、第一次跳伞

今天，我们第一次练习从飞机上跳伞。我们来到机场，看到蓝蓝的天空中，飘浮着朵朵白云，天气多好啊！

飞机起飞了。我从窗口向外望去，一朵朵的白云，像一座座银色的雪山。飞机从"雪山"里钻出来，我一眼看见大地就在脚下，像一块美丽的大地毯。往日高大的楼房，变得像玩具小屋。公路好像一条又细又长的带子。公路上的汽车，像许多小虫子，排着队往前爬。一切都变得那么小。

教练员走过来，靠近我的耳朵大声说："不要慌，要勇敢！"我点了点头。

跳伞预备铃响了。我们立刻排好队，站在打开的舱门旁边。

教练员大声喊："预备——跳！"第一名往下一跳，嗖的一下，不见了；第二名，第三名，紧跟着跳了下去。第四名就是我。我来不及想什么，也跟着跳出了机舱。

过了几秒钟，好像觉得有人在我背后用力一拉，我身上的降落伞张开了！我睁开眼睛。啊！我飘在空中了。四周是蓝天白云，耳边只有呼呼的风声。我好像到了另外一个世界，又好像穿着救生衣，飘浮在无边的大海上，一切都和平时不同，心里可真有点儿紧张。

我飘飘悠悠地往下降。忽然，脚着了地，我的心一下子就平静下来了。早已等在下面的朋友们马上围上来，连声问道："怎么样？怎么样？"

我高兴地回答："还好，还好，就是心里有点儿紧张。"

"因为这是你第一次跳伞啊！"大家齐声笑起来。

我抬起了头，望着蓝蓝的天空，望着在高空中飘浮的白云，真不相信我自己是从那天上降落下来的。

词汇

1. 跳伞 练习 飘浮 窗口 银色 雪山 地毯 往日 楼房 玩具
2. 带子 排着队 教练员 靠近 不要慌 勇敢 预备铃 嗖
3. 来不及 机舱 用力 降落伞 睁开 四周 呼呼 救生衣 无边
4. 紧张 飘飘悠悠 着地 平静 围上来 齐声

生字

liàn	fú	cāng	tǎn	duì	yuán	yù	líng	sōu	jí	zhēng	hū	yōu
练	浮	舱	毯	队	员	预	铃	嗖	及	睁	呼	悠

文字和语法 第二周

"往"字的用法

- "往" as "former, past":

  从飞机上向下看，往日高大的楼房，变得像玩具小屋了。

  往年(shǔ)暑假都是爷爷奶奶来看我们，今年暑假我要去中国看他们。

  老师今天比往常来得晚，原来是她的孩子病了。

  爸爸特别喜欢给我们兄妹讲他有趣的往事。

- "往" as "to go":

  高速公路上汽车来来往往的，十分繁(fán)忙。

  从我家到学校，往返只要半小时就够了。

- "往" as "toward":

  夜晚，有一只小猴子在井边玩，它往井里一看，里面有个月亮。

  人往高处走，水往低处流。

- "往往" as "often, frequently":

  人们往往不容易看到自己的缺(quē)点 (weakness)。

  爱锻炼身体的人往往比较健康。

"队"字的用法

- "队" as "line":

  公路上的汽车，像许多小虫子，排着队往前爬。

  星期天，电影院门口买票的人排成了长队。

- "队" as "team":

  昨天中国队对美国队的女子排球 (volleyball) 赛，哪个队赢了？

  我参加学校的乒乓球队，哥哥参加学校的棒球 (baseball) 队。

字形　字义　字音

练—炼	舱—抢	毯—谈	具—真—直	嗖—叟—瘦
围—伟	蓝—篮	铃—令	救—球—求	飘—漂—票
及—级	变—弯	睁—净—争	喊—减—咸	跳—挑—逃—桃

人们骑哪些动物

人们要到一个地方去，可以坐车、坐船、坐飞机，也可以骑马。

有些地方的人还骑驴。在中国的田野和山间的小路上，常常有人骑着驴走。驴的身体小，力气可不小，能驮很重的东西。

沙漠上的人骑骆驼。骆驼能几天不吃东西也不喝水，却照样可以驮很重的东西走路，因此，人们称骆驼为"沙漠里的船"。

西藏(Tibet)高原上有一种长毛牛，叫做牦牛。牦牛的样子好像很笨，但是它不怕冷，能在很厚的雪地上走路，而且善于走危险的山路。所以西藏人很爱骑牦牛。

在森林里，猎人还常常骑鹿。森林很密，只有鹿才能通行。鹿跑得很快。如果猎人要出门到远方去，常常带两只鹿。自己骑一只，另一只驮食物和其他东西。

热带地方的人骑大象。象的力气很大，能驮两千多斤重的东西。在大象的背上放上一个架子，还可以让好几个人坐在上面远游呢。

新字新词：田野　山间　沙漠　西藏　牦牛　善于 (to be good at)

小虫和大船的故事

在大海边,有一群人正在造一条大木船。

有一个人拿起一块木板,正要用它去造船舱,忽然发现板上有一个深色小点。他仔细一看,原来是一个虫蛀的洞。他想:这块木板有蛀虫,不能用了。可是他又想:这么小小的一个洞,决不会有大问题。于是,他就把那块木板钉到船舱上去了。

大船造好了,在海上走了好几年,果然什么问题也没有。可是后来,蛀虫越来越多了,船上到处是虫蛀的小洞。

有一次,船上装满了很贵重的东西,要运到远方去。船刚走到海上,暴风雨就来了。一个个大浪打上船来,把虫蛀的木板打穿了,海水直往船舱里灌。船上的人赶快排水,可是已经来不及了。海水越灌越多,船渐渐往下沉。又一个大浪打过来,船就完全沉没了。

一个小小的蛀虫,竟毁了一条大船!

新字新词:蛀 暴风雨 灌 沉没 毁

山上山下

胖胖跟着爸爸去爬山。爬了半天,好不容易才爬到了山顶上,父子俩都累得直喘气。胖胖一下子坐在地上,再也不愿意站起来了。

爸爸上前拉着胖胖的手,指着远处说:"快起来,快起来,你看,山下的景色多美!"

胖胖气呼呼地说:"我真不明白,既然山下的景色这么美,我们为什么还要这么辛苦地爬到山上来看呢?"

新字新词:辛苦(xīn kǔ)

谜 语

一只鸟儿大翅膀,
只飞下来不飞上。

小壁虎借尾巴

有一隻小壁虎正在牆角捉蚊子，一條蛇咬住了他的尾巴。小壁虎用力一掙，掙斷尾巴逃走了。

沒有尾巴多難看啊！小壁虎心想：我該向誰去借一條尾巴呢？先去找小魚姊姊吧。

小壁虎爬呀爬，爬到一口池塘邊。他看見一條小魚正搖著尾巴，在池塘裡游來游去。小壁虎就問："小魚姊姊，請把您的尾巴借給我，行嗎？"小魚說："不行啊，我要用尾巴撥水呢。"小壁虎告別了小魚，又向前爬去。

小壁虎爬呀爬，又爬到一棵大樹上。他看見老黃牛正甩著尾巴，在樹下吃草。小壁虎就問："黃牛伯伯，請把您的尾巴借給我，行嗎？"老黃牛說："不行啊，我要用尾巴趕牛蠅呢。"小壁虎告別了老黃牛，又向前爬去。

小壁虎爬呀爬，最後爬到了屋檐下。他看見燕子正擺著尾巴，在空中飛來飛去。小壁虎就問："燕子阿姨，請把您的尾巴借給我，行嗎？"燕子說："不行啊，我飛的時候，要用尾巴掌握方向呢。"

小壁虎爬累了，就回到家裡去休息。他到處借不到尾巴，心裡很難過。小壁虎把借尾巴的事告訴了媽媽。媽媽眨了眨眼睛，笑著說："傻孩子，你轉過身子自己看看。"小壁虎轉身一看，高興地喊起來："多有趣呀！我丟了一條舊尾巴，又長出來一條新尾巴啦！"

小壁虎借尾巴

有一只小壁虎正在墙角捉蚊子,一条蛇咬住了他的尾巴。小壁虎用力一挣,挣断尾巴逃走了。

没有尾巴多难看啊!小壁虎心想:我该向谁去借一条尾巴呢?先去找小鱼姐姐吧。

小壁虎爬呀爬,爬到一口池塘边。他看见一条小鱼正摇着尾巴,在池塘里游来游去。小壁虎就问:"小鱼姐姐,请把您的尾巴借给我,行吗?"小鱼说:"不行啊,我要用尾巴拨水呢。"小壁虎告别了小鱼,又向前爬去。

小壁虎爬呀爬,又爬到一棵大树上。他看见老黄牛正甩着尾巴,在树下吃草。小壁虎就问:"黄牛伯伯,请把您的尾巴借给我,行吗?"老黄牛说:"不行啊,我要用尾巴赶牛蝇呢。"小壁虎告别了老黄牛,又向前爬去。

小壁虎爬呀爬,最后爬到了屋檐下。他看见燕子正摆着尾巴,在空中飞来飞去。小壁虎就问:"燕子阿姨,请把您的尾巴借给我,行吗?"燕子说:"不行啊,我飞的时候,要用尾巴掌握方向呢。"

小壁虎爬累了,就回到家里去休息。他到处借不到尾巴,心里很难过。小壁虎把借尾巴的事告诉了妈妈。妈妈眨了眨眼睛,笑着说:"傻孩子,你转过身子自己看看。"小壁虎转身一看,高兴地喊起来:"多有趣呀!我丢了一条旧尾巴,又长出来一条新尾巴啦!"

三、地震仪

张衡是中国历史上一位伟大的科学家。有一段时间,他负责记录全国各地发生地震的情况。什么地方发生了地震,就立刻派人前来向张衡报告。中国很大,当时的交通又很不方便,发生了一次地震以后,往往要过好些天,张衡才能知道。张衡想,用什么办法,才能很快知道哪里发生了地震呢?他经过苦心研究,终于发明了地震仪。

公元138年3月1日,张衡去见皇帝,向他报告中国西部发生了地震。皇帝半信半疑地问:"是谁告诉你西部发生了地震?我怎么一点也没有感觉到呢?"张衡回答说:"是地震仪告诉我的。"说完,就带大家去看他发明的地震仪。

地震仪是用铜铸的,远远看去,就像一个大酒桶。地震仪的四周铸着八条龙,分别对着东、南、西、北、东南、东北、西南、西北八个方向。龙的嘴是活动的,每一个嘴里含着一颗铜球。每个龙头下面,各蹲着一只张大了嘴巴的铜青蛙。大家仔细一看,其中向西的那条龙,嘴巴紧闭着,铜球已经掉到下面那只青蛙的嘴里去了。

张衡告诉大家,只要远处的大地一动,对着地震方向的那条龙,就会吐下铜球。现在,西部肯定发生地震了。

过了几天,果然有人骑着快马前来,向他报告西部地震的消息。发生地震的地方,离张衡的地震仪足足有一千多里路。张衡发明地震仪,比欧洲人早了一千七百多年。

词汇

地震仪 张衡 伟大 科学家 负责 记录 全国 各地 情况 报告 交通 方便 苦心 研究 公元 半信半疑 铜 铸着 大酒桶 含着 铜球 蹲 紧闭 远处 吐 肯定 骑着 快马 足足

生字

yí	kē	héng	fù	zé	lù	zhèn	kuàng	yán
仪	科	衡	负	责	录	震	况	研

bào	yuán	tóng	zhù	jiǔ	tǒng	hán	dūn	tǔ	zú
报	元	铜	铸	酒	桶	含	蹲	吐	足

文字和语法 第三周

"其"字组成的词

- "其中" as "among them, among which":

  大家一看，其中向西的那条龙，嘴巴紧闭着，铜球已经掉下去了。

  世界上可以让人们骑的动物有多种，骆驼是其中之一。

- "其他" or "其它" as "others":

  张衡带着皇帝和其他官员一起去看他发明的地震仪。

  今年秋季篮球赛中，我们学校的篮球队赢了其他所有参赛的队。

- "其实(shí)" as "actually":

  这本书看上去很厚，其实里面图画很多，所以我很快就能读完。

  别看她长得矮矮的，其实她年龄(líng)比我哥哥还大呢！

- "其余(yú)" as "others, the rest":

  这些苹果我只要吃一个就够了，其余的都可以放到冰箱里去。

  老师说："王强，请你留在教室里，其余的人都跟我来！"

"紧"字的用法

- "紧张" as "nervous, intensive":

  我高兴地回答："还好，还好。就是心里有点儿紧张。"

  学期 (semester) 快结束了，有很多测验(cè yàn) (test)，我们的学习特别紧张。

- "紧" as "tight, firm":

  地震仪上有一条龙的嘴巴紧闭着。

  时间紧，我们得快一点。

- "紧" as "close":

  第一名往下一跳，嗖的一下不见了，第二名紧跟着跳了下去。

  上完了数学课，紧接着就是英语课。

- 其他用法：

  紧紧(jǐn jǐn) (very tightly)　紧急(jí) (urgent) (Test)　要紧 (important)　赶紧 (in hurry)　不紧不慢(màn) (not in hurry)

字形　字义　字音

仪(yí)—议　科—蚪　记—己　其—期—旗　通—桶—勇—痛

录—绿　铜—同　吐—土　张—帐—长　报—服　骑—奇

数星星的孩子

夏天的晚上,有一个孩子坐在院子里。他靠着奶奶,抬着头,指着天空数星星。一颗,两颗,三颗,一直数到了几百颗。

奶奶笑着说:"傻孩子,你又在数星星了。天上那么多星星,一闪一闪的,今天在这里,明天在那里,你能数得清吗?"

孩子说:"我只要能看得见,就能数得清。星星是在动,但不是乱动。您看,这颗星星和那颗星星中间,总是隔那么远。"

爷爷走过来说:"你看得很仔细,天上的星星是在动,但是它们之间的距离却是不变的。"爷爷停了停,指着北边的天空说:"你看,那七颗星,连起来像一把勺子,叫北斗星。离它们不远的那颗星,叫做北极星。北斗星总是绕着北极星转。"

爷爷说的话是真的吗?那孩子一夜没睡好,几次起来看星星。可是,不管他怎么看,北斗星好像一动也不动。他不灰心,第二天,第三天,接着看。过了一个多月,他发现北斗星真的在绕着北极星转。只是因为转得慢,所以要过好多个晚上才能觉察得到。第二年夏天来了,那孩子指着夜空,高兴地对奶奶说:"奶奶,您看,从去年到现在,北斗星正好绕北极星转了一圈!"

那个数星星的孩子,就是张衡。张衡长大以后,造了一个"浑天仪"。什么星星升起,什么星星落下,浑天仪上都能看得清清楚楚。张衡的浑天仪和地震仪一样,都是当时世界上最先进的发明。

新字新词: 隔 距离 勺子 先进(advanced)

排字盘

自从毕昇发明了活字印刷以后，印书再不用一个一个地刻字，比以前方便多了。可是，毕昇的方法也仍然有不够的地方。比方说，泥字做起来很不容易，又要晾，又要烧，既费时又费力。还有，把许许多多的字堆在一起，到了印刷的时候，排字的人蹲在地上，从一大堆字里一个一个地找书上要用的字，又累又困难。

过了很多年，有一个名字叫王祯的人看到这种情况，就研究出来两个改进的办法。

首先，他想出了用木料来做活字。用木料做字比用泥要省力多了。

后来，王祯又找人做了两个转盘，每个转盘分成好多格子，他就把木活字按照不同的发音，排在这些格子里。要找一个字，只要坐在那里，转动这个排字盘，把放着这一发音的格子转到自己身边，就能很快找到那个字了。王祯的发明，使得印书更快更方便了。

新字新词：转字盘　王祯　研究　格子

阿凡提买酒

有一段时间，阿凡提在一个富人家里干活。他的主人虽然很有钱，却非常小气。

有一天中午，主人把阿凡提叫到跟前，吩咐他道："阿凡提，去替我买瓶酒来！"

阿凡提在一旁站了半天，不见主人拿钱给他，就提醒主人说："亲爱的老爷，我在等您给我买酒的钱呢！"

那富人看了阿凡提一眼，说："阿凡提，用钱去买酒，那是谁都办得到的事。如果不用钱就能买到酒，那才是真正有本事的人！"

阿凡提一听，转身就离开了。不一会儿，他提着一个空酒瓶回来，恭恭敬敬地交给了主人。

主人接过酒瓶一看，是空的，就十分生气，高声地责骂阿凡提："你！你让我喝什么？"

阿凡提不紧不慢地回答："亲爱的老爷，从有酒的瓶子里喝到酒，这是谁都办得到的。如果从空瓶子里能喝到酒，那才是真正有本事的人！"

狮子和老鼠

有一隻獅子在洞裡睡覺,牠正睡得舒服。一隻淘氣的小老鼠跳到了獅子的牀上,把牠吵醒了。獅子很生氣,牠伸出爪子,抓住老鼠,要把老鼠一口吃到肚子裡去。老鼠連忙說:"獅子大王,請您放了我吧。您放了我,以後我可以幫助您的。"

獅子聽了老鼠的話,覺得很好笑。可是,牠還是把老鼠放了。過了一些日子,有一天,獅子被獵人的大網網住了,怎麼跳也跳不出去,急得牠大聲地叫起來。老鼠聽見了獅子的叫聲,趕忙跑過來。老鼠很快把網繩咬斷,獅子就從網裡鑽出來了。

獅子對老鼠說:"謝謝你,我沒想到你真的能幫助我。"

老鼠說:"不用謝。我以前說的話,現在做到了。"

老鼠雖小,可是也能幫助大獅子。

謎語

青石板,石板青,
青石板上釘銅釘,
銅釘亮晶晶,
朝我眨眼睛。

狮子和老鼠

有一只狮子在洞里睡觉，它正睡得舒服。一只淘气的小老鼠跳到了狮子的床上，把它吵醒了。狮子很生气，它伸出爪子，抓住老鼠，要把老鼠一口吃到肚子里去。老鼠连忙说："狮子大王，请您放了我吧。您放了我，以后我可以帮助您的。"

狮子听了老鼠的话，觉得很好笑。可是，它还是把老鼠放了。过了一些日子，有一天，狮子被猎人的大网网住了，怎么跳也跳不出去，急得它大声地叫起来。老鼠听见了狮子的叫声，赶忙跑过来。老鼠很快把网绳咬断，狮子就从网里钻出来了。

狮子对老鼠说："谢谢你，我没想到你真的能帮助我。"

老鼠说："不用谢。我以前说的话，现在做到了。"

老鼠虽小，可是也能帮助大狮子。

谜 语

青石板，石板青，
青石板上钉铜钉，
铜钉亮晶晶，
朝我眨眼睛。

四、神医扁鹊

人们要是生了病，首先想到的，往往是找医生看病。可是你知道吗，世界上医生看病的方式，可有好多种呢。中国传统的医术，叫做中医。中医看病，和现在流行的西医就不相同。我们到西医那里去看病，医生往往先问我们，哪里不舒服？从什么时候开始的？然后，再通过各种检查的方法，诊断出我们生的是什么病。可是，如果我们到中医那里去，医生却是让我们先把手伸出来。他摸着我们手腕上的脉跳，看着我们的脸色，就能大概地说出我们哪里不舒服，得了什么病。高明的中医，甚至只要对病人看上一眼，就能诊断出病人得的是什么病。扁鹊就是这样一位高明的医生。

扁鹊生活在两千多年以前的战国时期。有一天，他去见齐国的国王。扁鹊看了看国王的脸色，就说："大王，您有病，您的病是在皮肤下面。如果不治疗，我怕会越来越重。"

齐王想，我的皮肤不痛也不痒，怎么会有病呢？就摇摇头对扁鹊说："先生，你错了，我很健康，什么病也没有。"

齐王送走扁鹊以后，对左右的官员说："医生总是喜欢挑毛病的！我明明没有病，他却没病找病，真可笑！"

---- 词汇 ----

神医　扁鹊　首先　方式　传统　医术　中医　西医　流行　相同
舒服　通过　检查　诊断　摸着　手腕　脉跳　大概　甚至　高明
医生　国王　脸色　皮肤　治疗　痒　挑毛病　没病找病

---- 生字 ----

biǎn	què	shì	shù	jiǎn	chá	zhěn	wàn	mài	gài	shèn	fū	liáo	yǎng
扁	鹊	式	术	检	查	诊	腕	脉	概	甚	肤	疗	痒

过了十天，扁鹊又来见齐王。他看了看齐王的脸色，说："大王，您的病比上次严重了很多，已经到了肌肉里。现在应该马上治疗，要不然就晚了。"

齐王听了很不高兴，他没有理睬扁鹊。

又过了十天，扁鹊第三次求见齐王。齐王皱着眉头，不愿意和他说话。扁鹊说："大王，您的病已经进入肠胃了，比以前更严重了，再不治，就危险了！"齐王不耐烦地挥挥手，说："走吧，走吧，我根本没有病。"

又过了十天，扁鹊碰巧在路上遇见了齐王，他一看齐王的脸色，转身就跑。

齐王觉得很奇怪，就派人去追问。

扁鹊说:"一个月以前,我发现大王有病。那时候,他的病在皮肤下,用热水敷一敷就可以治好;我第二次见到大王的时候,他的病已经到了肌肉里,用针灸也能治好;我第三次见到大王,他的病却进入肠胃了,不过,用汤药也还能治好。可是,我这次看到大王,他的病已经进到骨髓里了。现在,即使大王想治,我也没有办法了,所以我不想见他。"说完,扁鹊就急步走了。

过了五天,齐王果然觉得全身疼痛。这时候,他才相信扁鹊的话是对的,就连忙派人到处去寻找扁鹊。可是,扁鹊早已逃到别的国家去了。过了不久,齐王就死了。

一个人要是有了病,却不愿意承认有病,不愿意治疗,那是多么的危险。同样,一个人要是有了过错,却不愿意承认过错,又不愿意改正的话,不是也和那个齐王差不多吗?

词汇

严重　肌肉　不然　理睬　皱着　眉头　进入　肠胃　危险
不耐烦　挥挥手　根本　碰巧　遇见　脸色　转身　派人　追问
热水　敷　针灸　汤药　骨髓　即使　急步　果然　疼痛　寻找
愿意　承认　过错　改正　差不多

生字

肌　睬　入　胃　耐　烦　挥　巧　遇　敷　灸　汤　药　髓　即　承

文字和语法 第四周

"然"字组成的词

- "然后" as "after that":
  医生往往先问我们,哪里不舒服?然后再给我们做检查。
  张衡先造了地震仪,然后又造了浑天仪。
- "当然" as "of course":
  时间是那么宝贵,我们当然应该珍惜 (cherish)。
  有了排字盘,印刷当然就更加方便了。
- "然而" as "but, yet":
  跳伞看起来有点危险,然而我不怕。
  老鼠虽然小,然而也能帮助大狮子
- 其他用法:
  忽然 (suddenly)　　突然 (suddenly)　　不然 (if not)　　要不然 (if not)　　然而 (yet)

"真"字的用法

- "真" as "true, real":
  真正的朋友是互相信任的。
  你刚才说的这个故事是真的还是假的?
- "真" as "really, indeed":
  "我明明没有病,他却没病找病,真可笑!"
  张医生的医术真不错!

"就"字的作用

- 比较下面每组句子里的两句话:
  扁鹊是这样一位高明的医生。
  扁鹊就是这样一位高明的医生。

  那个数星星的孩子是张衡。
  那个数星星的孩子就是张衡。

文字和语法 第五周

即使……也……

- "即使……也" as "even":

  扁鹊说:"现在,即使大王想治,我也没有办法了。"

  即使石头再硬,滴水泉也能把它滴出个洞来。

  真没想到,即使是一只小小的蛀虫,也能毁掉一条大船!

  这道题实在难,即使请数学家来,也不一定能做得出来!

"认"字组成的词

- "承认" as "to admit":

  一个人要是有了过错,应该勇敢地承认。

  虽然我这次输给了他,但是我不承认我下棋不如他。

- "认识" as "to recognize a people, a Chinese character":

  我认识这个人,他是我们过去的邻居。

  学了几年中文,你认识不少汉字了吧?

- "认为" as "to think, to believe":

  扁鹊说齐王有病,齐王却认为扁鹊是在那里没病找病。

  张衡认为,应该有办法很快知道哪里发生了地震。

- "认真" as "seriously":

  做事认真的人往往容易把事情做成功。

  别开玩笑!我是在认真地跟你说话呢!

字形 字义 字音

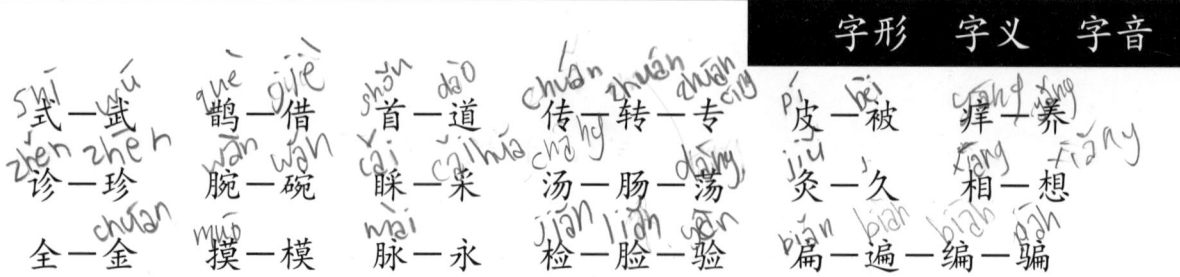

神话

神农尝百草

中国传统的医术叫中医，中医用来治病的药叫中药。你知道吗，中药主要是由各种各样的草(herb)做成的，很多中药，就是我们平常在野外见到的草。

世界上的草有几千几万种，人们是怎样知道哪些草能治病，哪些草不能治病，而那些能治病的草，又各能治什么病呢？传说，这还是太阳神炎帝的功劳呢。

炎帝每天赶着太阳在天上走，他看到地上的人常常找不到东西吃，就来到人间，教人们种地。人们有了自己种出来的东西可以吃，就不会再饿肚子了。人们很感谢炎帝，称他为"神农"。神农又看到人们常常生病，很痛苦，就动身去找可以治病的草。

神农翻山越岭，尝试了各种各样的草。有的草酸，有的草甜，还有的草苦，有的草吃了使人身上发热，有的草吃了使人感到清凉，也有的草是有毒的。神农尝百草的时候，曾经一天中毒七十次。

神农感动了天帝，天帝把神农用来赶太阳的长鞭，变成了一根神鞭。用神鞭打在草上，如果鞭子变了颜色，那草就能治病。鞭子变的颜色不同，草能治的病也就不同。但是，如果鞭子变成了黑色，那草就一定是有毒的了。

神农靠着神鞭的帮助，找到了许许多多的草药，有了草药，人们生了病就能治好了。

新字新词：神农　由　酸　甜　苦　中毒　长鞭

路旁苦李

从前有一个小孩子,名字叫王戎。有一年夏天,王戎和小朋友一起在草地上玩。他们跳呀,蹦呀,玩得很高兴。玩了一会儿,大家都觉得口很渴。

"要是能找些水果来吃,该有多好!"一个小朋友说。

"我有一个好主意,"另一个小朋友指着前面不远的地方说:"你们看,大路旁有棵李子树,树上的李子都熟了,我们一起去摘李子来吃吧!"

"好主意!我们走吧!"小朋友们都欢呼起来。只有王戎摆着手说:"别高兴得太早!我猜那满树的李子都是苦的!"

"怎么会是苦的呢?那些李子不是都熟了吗?"小朋友纷纷说道。王戎说:"你们要是不信,可以去摘了尝一尝啊!"几个小朋友飞快地跑去,爬上树摘了一大把李子回来。

"啊!果然是苦的!这李子真苦啊!"最先咬了一口的小朋友一边说,一边忙着把嘴里的李子吐出来。别的小朋友也尝到了苦味,都围着王戎奇怪地问:"咦,你怎么猜到了这李子会是苦的呢?"

王戎说:"你们想,这棵李树长在大路旁边,如果是甜的话,早就被人摘光了。可是,现在满树的李子都没人摘,这说明李子肯定是苦的。"

新字新词:王戎

幽 默

奶奶住在哪里

小妹的家住在旧金山(San Francisco)，她的奶奶住在纽约(New York)。奶奶经常坐飞机来看望小妹一家。

有一天，小妹高兴地告诉她的小朋友："今天我奶奶又要来看我了！她每次来，都送给我很多好玩的玩具！"小朋友问小妹："小妹，你奶奶住得远吗？她常来看你吗？"小妹说："我奶奶住得不远，她就住在飞机场里，每次爸爸妈妈和我都是去飞机场接奶奶的！"

新字新词：纽约

谜 语

一个球，圆溜溜，
轻轻一拨转一周。
球上有山也有河，
还有海洋五大洲。

鐵棒磨成針

從前有一個孩子，名字叫李白。李白學習很不認真，碰到一點點困難，就不想學下去。所以他讀書進步很慢。

有一次上課的時候，李白又從教室裡溜到外面去玩。他走到一條小河邊，看見一位白髮蒼蒼的老奶奶，正在一塊大石頭上磨一根鐵棒。李白覺得很奇怪，就上前去問道："老奶奶，您磨這根鐵棒幹什麼？"

老奶奶回答說："做針。"

李白更加奇怪了："做針？這又粗又硬的鐵棒，怎麼能磨成又細又小的針呢？"

老奶奶說："能，一定能。我今天磨，明天磨，每天不停地磨下去，總有一天，這根鐵棒會磨成針的。孩子，你說對不對啊？"

李白聽了老奶奶的話，明白了一個道理："是啊，只要有決心，不斷地認真做下去，再難的事情也可以做成。我在學習上的一點點困難，又算得了什麼呢？"

從那時候開始，李白認真學習，進步得很快。後來，李白成了一位偉大的詩人。很多小朋友會念的一首詩：

"牀前明月光，疑是地上霜，舉頭望明月，低頭思故鄉"，就是李白寫的。

铁棒磨成针

从前有一个孩子，名字叫李白。李白学习很不认真，碰到一点点困难，就不想学下去。所以他读书进步很慢。

有一次上课的时候，李白又从教室里溜到外面去玩。他走到

一条小河边，看见一位白发苍苍的老奶奶，正在一块大石头上磨一根铁棒。李白觉得很奇怪，就上前去问道："老奶奶，您磨这根铁棒干什么？"

老奶奶回答说："做针。"

李白更加奇怪了："做针？这又粗又硬的铁棒，怎么能磨成又细又小的针呢？"

老奶奶说："能，一定能。我今天磨，明天磨，每天不停地磨下去，总有一天，这根铁棒会磨成针的。孩子，你说对不对啊？"

李白听了老奶奶的话，明白了一个道理："是啊，只要有决心，不断地认真做下去，再难的事情也可以做成。我在学习上的一点点困难，又算得了什么呢？"

从那时候开始，李白认真学习，进步很快。后来，李白成了一位伟大的诗人。很多小朋友会念的一首诗：

"床前明月光，疑是地上霜，举头望明月，低头思故乡"，就是李白写的。

治肚痛

小朋友，你是不是有时候会肚子痛呢？让我来教你一个治肚子痛的方法，下次你肚子痛的时候，可以试一试：

一、人坐在椅子上，脚踩地，腿竖直。

二、把你右手的手指并拢，掌心盖在右膝盖上，手指紧贴着腿，中指朝着正下方。再把无名指分开一点儿，分到和中指之间可以再夹一个手指的样子就行。

三、用无名指的指尖，轻轻往下按，你会发现腿上好像有一个窝下去的地方。

四、多用一点力按那个"窝"，看看是不是有一点酸的感觉。如果没有，再在附近按一按，找到按下去感觉有一点酸的地方。

五、使劲按那个酸的地方，按到自己感到很酸很酸，如果无名指的力气不够的话，可以换其他的手指试试。你一面按，一面揉，你很快就会觉得肚痛减轻了，再过一会儿，就不痛了。

告诉你，这是中医用的方法。中医认为，我们人身上有许多这样的"窝"，叫做"穴位"。刺激(stimulate)这些穴位，就能治病。

每个穴位都有一个名字，你刚才按的那个，名叫"足三里"，是专门治胃部的病的。当然，中医治病的时候，不是用手指按揉穴位，而是用一根细细的针，刺到穴位里去，或是用火烧一种叫"艾"的草，放在穴位上。这就是扁鹊所说的"针灸"。"针"就是用针刺穴位，用的针很细，刺进我们的身体时不会出血。"灸"字下面是个火字，自然是用火来治病啦。不过你放心，那火是不会把你烧疼的。

新字新词：踩地 竖直 掌心 盖在 夹 按 揉 穴位 刺激 艾

李时珍写药书

神农尝百草的事是神话，不知道到底是不是真的。下面讲的李时珍的故事，可是千真万确。

李时珍（1518——1593年）是中国历史上一位伟大的药学家。他最大的贡献，是写了一部很完善的药书，叫《本草纲目》。

李时珍从小就跟着父亲学中医，读了很多药书。他发现当时的药书上有不少错的地方。有的药书上把铅(lead)和锡(tin)当成了同一种东西，有的药书上连橙子(orange)和柚子(pomelo)也没分清。他想，要是医生按照有错的药书给病人吃药，该多危险哪！

果然不久，他听说有个病人因为吃错了药死了，就痛心地对父亲说："老药书上有很多错误，我想写一部新的。把新发现的药加进去，把错误的地方改过来。"父亲听了，就笑了笑说："你不要把事情看得太容易了。写药书要看好多好多的古书，要把全国各地的药物都重新查访过，你做得到吗？"

尽管父亲这么说，李时珍还是决心要写药书。他看了上千本的古书，把书里和药物有关的材料全部记录下来。为了证明书上写的对不对，他不怕山高路远，亲自到各地去采药。有的时候就在深山里过夜，许多药材他都亲口尝过。他还常常向遇到的人们请教。经过三十年时间，李时珍终于写成了一部新的药书，叫做《本草纲目》。《本草纲目》介绍了一千八百多种中药。一直到今天，几百年过去了，人们还在用它。

新字新词：铅　锡　橙子　柚子　尽管

猜字谜（小相声）

甲：你认识字吗？

乙：认识几个。

甲：你知道什么叫猜字谜吗？

乙：没听说过，大概是人说一个谜语就猜一个字吧？

甲：说得不错，你挺聪明。好，那我来说一个字谜你猜猜：一字十口。

乙：根本没有这个字！哪里有一个字有十个口的？

甲：我告诉你有十个口啦？一字十口，是说这个字有一个十，一个口。

乙：这我会猜，这个字念"古"。

甲：对。还有吗？

乙：（想了想）还有田字。

甲：猜得好！还有吗？

乙：（认真想了想）还有叶字吧。

甲：不错。我再说一个，一字十一口。

乙：我猜不出来。

相 声

甲：别紧张，这个字念"吐"。

乙：吐字怎么是十一口呢？

甲：你看，左边一个口，右边一个十、一个一，这不是十一口吗？

乙：还真是十一口！还有吗？再说一个，我叫你老师。

甲：那我这个老师做定了，"囿"字也是十一口。

乙：不对，囿字里面只有一个十，一个口。

甲：外面那个大方框子不算哪？

乙：嘿，我把这个大口给忘了。

植物媽媽有辦法

孩子如果已經長大,
就得告別媽媽,四海爲家。
牛馬有腳,鳥有翅膀,
植物靠的是什麼辦法?

蒲公英媽媽準備了降落傘,
把它送給自己的娃娃。
只要微風輕輕一吹,
孩子們就紛紛出發。

蒼耳媽媽給她的孩子,
穿上了帶刺的衣裳。
只要掛住動物的皮毛,
孩子們就走遍天下。

石榴媽媽的膽子可真大,
她不怕小鳥吃掉娃娃。
只要在鳥肚子裡睡上一覺,
就會鑽出來找到新家。

豌豆媽媽也有辦法,
她讓豆莢曬在太陽底下。
啪的一聲豆莢炸開,
孩子們就蹦跳著離開媽媽。

植物媽媽的辦法很多很多,
不信你就仔仔細細地觀察。
那裡有許許多多的知識,
粗心的小朋友卻得不到它。

植物妈妈有办法

孩子如果已经长大，
就得告别妈妈，四海为家。
牛马有脚，鸟有翅膀，
植物靠的是什么办法？

蒲公英妈妈准备了降落伞，
把它送给自己的娃娃。
只要微风轻轻一吹，
孩子们就纷纷出发。

苍耳妈妈给她的孩子，
穿上了带刺的衣裳。
只要挂住动物的皮毛，
孩子们就走遍天下。

石榴妈妈的胆子可真大，
她不怕小鸟吃掉娃娃。
只要在鸟肚子里睡上一觉，
就会钻出来找到新家。

豌豆妈妈也有办法，
她让豆荚晒在太阳底下。
啪的一声豆荚炸开，
孩子们就蹦跳着离开妈妈。

植物妈妈的办法很多很多，
不信你就仔仔细细地观察。
那里有许许多多的知识，
粗心的小朋友却得不到它。

五、捉鱼

去年暑假里的一个下午，哥哥带我去捉鱼。我们一个拿着小盆，一个提着木桶，一起来到小溪边。沿着小溪，哥哥边走边看。不一会儿，他站住了，指着脚下的溪水说："这里水流得慢，鱼又多，我们就在这里动手吧！"

我一看，真的，小溪的上游很窄，下游也很窄，但是这短短的一小段却比较宽。上游流下来的溪水，到了这里就一下子慢下来了，水里果然有不少鱼呢！我连忙脱了鞋，跳下水，就伸手去捉鱼。可是，鱼一条条地从我手里溜走了，根本捉不到。哥哥站在岸上笑了，说："你这样捉怎么行？来，我教你！"他边说边跳下了水，指着两头溪水比较窄的地方，对我说："快，用泥在这里筑两道坝，把水堵起来。"

课文 第六周

我们动手从两边用泥筑坝。坝越筑越高，很快就围成了一个小水池。眼看着不少鱼被围在小水池里了，哥哥说："现在可以舀水了。"我们就一起用小盆往外舀水。

哗，哗，哗，小水池里的水越舀越少了，鱼儿惊慌得乱蹦乱跳。我放下小盆，一伸手，就捉到了一条鱼。这时候，哥哥也捉到了一条鱼，放进桶里。我俩你看我，我看你，高兴得哈哈大笑。一眨眼的功夫，我们就捉到了好几条鱼。我们越捉越有劲，心里快活极了。

词汇

捉鱼　暑假　小盆　木桶　小溪　沿着　动手　上游　下游　很窄
一小段　却　比较　宽　脱鞋　岸上　筑坝　堵　水池　舀水
哗　惊慌　乱蹦乱跳　一眨眼　功夫　越捉越有劲　快活极了

生字

暑　盆　溪　宽　筑　坝　堵　舀　哗　夫　劲

课文 第六周

菜单（MENU）

春卷..................$5.50
锅贴..................$6.95
蒸饺..................$6.50
酸辣汤................$7.50
红烧豆腐..............$9.95
甜酸肉................$9.50
鱼香鸡片..............$9.50

陈皮牛肉..............$9.50
核桃虾................$11.95
香酥鸭................$13.00
清蒸鱼................$15.95
什锦炒面..............$7.95
米饭..................$1.00
饮料..................$2.00

词汇

春卷　锅贴　蒸饺　酸辣汤　红烧豆腐　甜酸肉　鱼香鸡片
陈皮牛肉　核桃虾　清蒸鱼　香酥鸭　什锦炒面　米饭　饮料

生字

juǎn　zhēng　jiǎo　shí　jǐn　chǎo　tián　suān　shāo　fu　chén　là　hé　sū　yǐn
卷　　蒸　　饺　　什　锦　炒　　甜　　酸　　烧　　腐　陈　辣　核　酥　饮

字形　字义　字音

盆—分　　较—校—交　　舀—稻—蹈　　池—地—他—也

钓熟鱼

人们说，地球上最北的国家是冰岛。我跟着爸爸，从中国来到了冰岛。

有一天，爸爸带我出去散步。我们走着走着，就听到附近有"咕噜咕噜"的声音。咦，这是什么声音？我拉着爸爸一路找去。原来，前面有一个温泉。温泉里的水是热的，冒着滚滚的热气，"咕噜咕噜"地跳个不停。温泉旁边蹲着一位老爷爷，手里握着钓鱼竿正在钓鱼呢。

奇怪，温泉的水这么热，难道里面还会有鱼？我悄悄走上前去，看到老爷爷正在收钓鱼线。我睁大了眼睛，要看个明白。可是，当鱼快要拉出水面时，老爷爷的手又不动了。我更奇怪了，这到底是怎么回事？钓鱼竿停着不动，钓着了的鱼难道不会逃掉？

过了一会儿功夫，老爷爷才把钓鱼竿拉起来，嘿，是一条大鱼！只见他把鱼从钓鱼竿上拿下来，放到一个盘子里，再撒上一点盐，对我招招手说："来！来！小姑娘，来尝尝这最新鲜的鱼！"

"老爷爷，这条鱼还没有烧过呀！您请我吃生鱼吗？"我问。

"孩子，你过来看，这是一条熟鱼啊！"

"熟鱼？您怎么可能钓到熟鱼？"我大吃一惊。

老爷爷笑了："你听我说。这温泉的下面，有冷泉水流着。这鱼呢，我是从冷泉水里钓到的。我钓到了鱼往上拉的时候，在温泉里停了一会儿，温泉的水很热，就把鱼烧熟啦！""原来是这么回事！"我连忙拿起盘子吃起鱼来。嘿，味道好极了！

新字新词：熟　冰岛　咕噜　温泉　冒着　烧

蛇谷遇险

我跟着爸爸去密林里打猎。在穿过一个山谷的时候,野花丛中突然窜出了七八条眼镜蛇,一齐朝我们追来,情况十分危急。原来,我们不小心走进了蛇谷!爸爸一时也不知该怎么办才好。他举起猎枪又放下,头上豆大的汗珠一颗颗地落到地上。

眼镜蛇很快地向我们包围过来,咝咝地吐着舌头。我紧握着木棒的手冰凉发麻,心里直发慌。

正在这危急的时刻,只听空中传来"呀——"的一声鸟叫。两片黑影飞快地从天上冲下来,眼镜蛇吓得四处逃窜。很快,两只大鸟飞落到地上,其中一只大鸟用又大又硬的嘴巴叼住了一条眼镜蛇,嚓,嚓,嚓,一下子就把蛇撕成几段。

"犀鸟!犀鸟!"我们同时欢呼起来。这一对美丽的犀鸟蹲在我们面前,低垂着翅膀,大嘴巴里发出轻轻的"咕咕"声,一副很平静的样子。

爸爸笑了,他在一根树枝上挂上几条干肉,再把树枝扛在自己肩上,吹了一声口哨,一只犀鸟就飞落到树枝上了。另一只犀鸟在我们前面开路,呀呀地叫着。"走吧!"爸爸带领我继续向前面走去。这时,小路两旁草丛里的蛇早吓得纷纷逃走了。

中午,我们终于走出了蛇谷。我们挥手向那两只犀鸟告别:"谢谢你们!再见!"

新字新词:野花丛 窜出 咝咝 嚓 犀鸟 低垂

幽默

还剩几只苍蝇？

老师问学生："桌上有四只苍蝇，打死了一只，还剩几只苍蝇？"

东东说："还剩下三只苍蝇。"

明明说："一只也没剩下，都飞走了。"

老师见玲玲还举着手，就问："玲玲，你说呢？"

玲玲回答："我说还剩一只苍蝇。因为那一只飞不走了，它被打死了。"

三个学生说了三个答案，到底谁说得对？

绕口令

车上一个盆，

盆里一个瓶，

砰砰砰，砰砰砰，

你说是盆碰瓶，

还是瓶碰盆？

新字新词：砰

動物過冬

早晨，小螞蟻來到樹林裡找吃的。樹林裡變了樣，滿地是落葉。風吹過來，他覺得有點兒冷。樹林裡靜靜的，一點兒聲音也沒有。朋友們都到哪裡去了呢？

小螞蟻突然聽到了鳥的叫聲。他抬頭一看，一隻喜鵲站在樹枝上。小螞蟻喊道："喜鵲你好！你知道燕子姊姊到哪裡去了？"

喜鵲說："天冷了，她們到南方過冬去了。明年春天，她們還會回來的。"

小螞蟻問："那你呢，你不去嗎？"喜鵲說："我不去。我在窩裡放上許多乾草，暖暖和和的，我就在這裡過冬。"

一隻青蛙聽見了小螞蟻和喜鵲說話的聲音，從池塘裡跳上來，說："小螞蟻，我正想找你，和你告別。"

小螞蟻問："怎麼？你也要到南方去？"

青蛙說："不，我要睡覺去。"

小螞蟻看看天，太陽還沒有升高呢，就奇怪地問青蛙："你怎麼啦？太陽剛升起來，你又要睡啦？"青蛙說："我要冬眠了。整個冬天，我們青蛙都睡在洞裡，不吃也不動，到明年春天再出來。你不知道吧，還有一些別的動物，像熊啦，蛇啦，都要冬眠的。熊媽媽還在冬眠的時候生小熊呢！"

青蛙一邊說，一邊用腳挖土，一會兒挖好了一個洞。青蛙對螞蟻說："你看，冬天住在這洞裡，既不怕風，又不怕雪，暖暖和和的，多舒服。"小螞蟻走過去一看，真的，洞挖得多好啊！小螞蟻想，我也要準備過冬吃的東西了。他找到一隻小蟲，就往家裡拉。

动物过冬

早晨,小蚂蚁来到树林里找吃的。树林里变了样,满地是落叶。风吹过来,他觉得有点儿冷。树林里静静的,一点儿声音也没有。朋友们都到哪里去了呢?

小蚂蚁突然听到了鸟的叫声。他抬头一看,一只喜鹊站在树枝上。小蚂蚁喊道:"喜鹊你好!你知道燕子姐姐到哪里去了?"

喜鹊说:"天冷了,她们到南方过冬去了。明年春天,她们还会回来的。"

小蚂蚁问:"那你呢,你不去吗?"喜鹊说:"我不去。我在窝里放上许多干草,暖暖和和的,我就在这里过冬。"

一只青蛙听见了小蚂蚁和喜鹊说话的声音,从池塘里跳上来,说:"小蚂蚁,我正想找你,和你告别。"

小蚂蚁问:"怎么?你也要到南方去?"

青蛙说:"不,我要睡觉去。"

小蚂蚁看看天,太阳还没有升高呢,就奇怪地问青蛙:"你怎么啦?太阳刚升起来,你又要睡啦?"青蛙说:"我要冬眠了。整个冬天,我们青蛙都睡在洞里,不吃也不动,到明年春天再出来。你不知道吧,还有一些别的动物,像熊啦,蛇啦,都要冬眠的。熊妈妈还在冬眠的时候生小熊呢!"

青蛙一边说,一边用脚挖土,一会儿挖好了一个洞。青蛙对蚂蚁说:"你看,冬天住在这洞里,既不怕风,又不怕雪,暖暖和和的,多舒服。"小蚂蚁走过去一看,真的,洞挖得多好啊!小蚂蚁想,我也要准备过冬吃的东西了。他找到一只小虫,就往家里拉。

六、万圣节之夜

匆匆忙忙地吃完晚饭,我把自己打扮成一个印地安姑娘,拿了一个口袋,向门外跑去。这就是我盼望了很久的万圣节。

我和 Salena 到村里去讨糖。村里黑黑的,星星点点的南瓜灯,在黑暗中闪着。我们一脚高一脚低地向一家家点着南瓜灯的人家走去。

有一家屋外坐着一位老人。他的头发和胡子是白花花的,脸上带着笑容,身体胖胖的,活像一个圣诞老人。这个"圣诞老人"穿着一件红蓝格子的衬衫,一条旧工作裤,头上还戴着一顶旧草帽。他大概是想把自己打扮成一位老农民吧!

他坐在一张桌子后面。桌子上放着一个白桶,桶里有很多巧克力糖。我们一起大喊:"Trick-or-treat!""哦,来了!"他一边说着,就伸出大手准备拿糖给我们。

忽然,他的手停了下来,好像想起了什么。于是,他就转过脸来笑着问我们:

"如果我不给你们糖呢?你们会有什么捣蛋的花样?"

词汇

万圣节　匆匆忙忙　打扮　印地安　姑娘　盼望　星星点点

讨糖　黑暗　白花花　笑容　圣诞老人　格子　衬衫　工作裤

戴着　草帽　老农民　大概　巧克力　捣蛋　花样　暗暗

吃了一惊　一本正经　罗　不由得　糟啦　抽　开心　记住

生字

圣　节　扮　暗　讨　糖　诞　格　衬　衫　帽　克　由　抽

课 文 第七周

我们暗暗吃了一惊。过了好一会儿，还是 Salena 回答说："没有，我们没有什么捣蛋的花样。"

老人听了，就一本正经地说："没有捣蛋的花样？那我就对不起你们啦！不给糖了！"我们听了不由得有点着急。心想，糟啦，这家算是白跑了！

就在这时，我们发现老人的大手已经从桶里抽了出来，正把两块巧克力往我们的袋子里装呢！我们连忙谢过老人。他开心地对我们笑了笑，说："明年万圣节，可记住要想好捣蛋的花样喔！"

课 文 第八周

接下来的一家门口站着一位"女巫"。她看上去和别的"女巫"没有什么不同，苗条的身材，乌黑的衣裙和头发。她那长长的、令人一看就喜欢的脸，一点都不可怕。

她身旁的桌子上有两个扁盒子。一个里面放满了小块的巧克力糖，另一个里面有很多泡泡糖。

"Trick-or-treat！"我们一边喊，一边望着那两盒糖。

"哟，又有人来啦，我最喜欢给小朋友糖。瞧，我特地买了很多糖，你们每人都有一份。"说着，她从每个盒子里抓了两把糖分给我们。

课文 第八周

　　当她把糖放进我的袋子的时候，仰起脸来笑着问道："你们今年都装成谁呀？"

　　"你看，她是一个海盗姑娘，我是一个印地安姑娘。"我顺口回答。

　　"既然是印地安人，那为什么你的袋子上有中国字呢？"

　　唉，真是的，我怎么偏偏就拿了一个印有中国字的袋子呢？我一边责怪自己出来时太着急，一边急中生智地说："你不知道吗？印地安人是从白令海峡迁移到美洲来的中国人啊！"

　　"可是那时候中国字还没有发明呢！"

　　"那……，那我这个印地安人是在中国字发明了以后才迁移来的！"

　　"哈！好！好！再见！祝你们万圣节快乐！"

　　"谢谢！万圣节快乐！"我们告别了"女巫"，高高兴兴地向下一盏南瓜灯走去。

词汇

女巫　苗条　身材　乌黑　衣裙　令人　可怕　扁盒子　泡泡糖　瞧　特地　一份　仰起脸　海盗　顺口　既然　偏偏　责怪　急中生智　白令海峡　迁移　美洲　再见　祝　一盏

生字

wū	miáo	cái	hé	pào	qiáo	yǎng	dào	piān	xiá	qiān	zhù
巫	苗	材	盒	泡	瞧	仰	盗	偏	峡	迁	祝

文字和语法 第七周

"暗"字的用法

- "暗" as "dark, dim":

  村里黑黑的，星星点点的南瓜灯，在黑暗中闪着。

  这儿的光线太暗，我们换一个地方看书吧！

- "暗" as "secretly":

  听了老人的问话，我们暗暗吃了一惊。

  在田忌赛马的故事里，是孙膑暗中帮助田忌赢了齐王。

"容"字组成的词

- "笑容" as "smiling face":

  他脸上带着笑容，身体胖胖的，活像一个圣诞老人。

  学生都喜欢看老师的笑容。

- "容易" as "easy":

  我想，李时珍一个人写《本草纲目》实在是一件很不容易的事。

  如果我们生活在中国，那学习中文就比较容易了。

- 其他：

  容器 (container)　　容量 (capacity of a container)　　容许 (to allow, to permit)

"戴"和"带"

- "戴" as "to wear, to put on":

  老人的头上还戴着一顶旧草帽。

  寒假里去滑雪，我们戴着厚厚的手套。

  你能向别人借衣服穿，但是不能向别人借眼镜戴。

- "带" as "to bring, to take":

  你不认识去图书馆的路吗？我可以带你去！

  暑假去参观 (to visit) 农场 (farm) 的时候，我们自己带着午饭。

第二单元 （第七、八周）

文字和语法 第八周

"祝"字的用法

- "祝" as "to wish"：

祝你们万圣节快乐！

祝您身体健康！

祝你生日快乐！

祝你旅途愉快！ (have a nice trip)

祝您健康长寿！ (a birthday wish for senior people)

节日的名称

新年 (New Year's Day)	情人节 (Valentine)	复活节 (Easter)
母亲节 (Mother's Day)	父亲节 (Father's Day)	国庆 (Independence Day)
万圣节 (Halloween)	感恩节 (Thanksgiving Day)	圣诞节 (Christmas)
春节 (Chinese New Year)	端午节 (The Dragon boat festival)	元宵节　中秋节

"的"和"地"

星星点点的南瓜灯 (Noun)	乌黑的衣裙 (Noun)
点着南瓜灯的人家 (Noun)	匆匆忙忙地吃 (Verb)
红蓝格子的衬衫 (Noun)	一本正经地说 (Verb)
捣蛋的花样 (Noun)	开心地笑 (Verb)
老人的大手 (Noun)	急中生智地说 (Verb)
苗条的身材 (Noun)	高高兴兴地走 (Verb)

字形　字义　字音

扮—盼　　姑—故　　暗—音　　身—射　　偏—骗—扁　　低—底—纸

苗—喵　　材—才　　盒—合　　帽—冒　　泡—跑—抱　　糖—塘—唐

知—智　　捣—岛　　装—袋　　抽—油—由　　峡—英—夹

猎人海力布（上）

海力布是一个既勇敢又善良的猎人。有一天，海力布到深山去打猎，忽然听见天上有喊救命的声音。他抬头一看，看见一只老鹰抓住一条小白蛇从他头上飞过。他急忙搭箭开弓，对准老鹰射去。老鹰受了伤，丢下小白蛇逃了。

海力布对小白蛇说："可怜的小东西，快回家去吧！"小白蛇说："您是我的救命恩人，我要报答您。我是龙王的女儿，您跟我回去，我爸爸一定会重重地酬谢您。我爸爸有许许多多珍宝。他含在嘴里的那颗宝石，谁要是含着，谁就能听懂各种动物说的话。"海力布想，我倒不在乎珍宝，但是，要是真能听懂动物说的话，那真是太好了。他问小白蛇说："真有这样一块宝石吗？"小白蛇说："真的。但是，动物说什么话您只能自己知道。如果对别人说了，您就会变成一块僵硬的石头。"

海力布点点头，跟着小白蛇到了龙宫。老龙王说："谢谢你救了我的女儿，我要重重地酬谢你。我宫里有无数的珍宝，你爱什么，就拿什么吧！"海力布什么珍宝也不要，他对龙王说："请把您嘴里含着的那块宝石给了我吧！"龙王低头想了一会儿，就把嘴里含着的那块宝石吐出来，送给了海力布。

海力布临走的时候，小白蛇跟了出来，反复叮咛他说："恩人，您可要记住，动物说的什么话，千万不要对别人说。如果说了，您马上会变成石头，永远不能复活了！"海力布谢过小白蛇，就回家了。

海力布有了这颗宝石，打猎方便极了。他把宝石含在嘴里，到山林里一走，哪座山上有什么动物，就全知道了。

新字新词：善良　可怜　僵硬

猎人海力布（下）

这样过了几年。有一天，海力布正在深山里打猎，忽然听到一群鸟在商量着什么。他仔细一听，听见那只带头的鸟说："咱们赶快飞到别处去吧！今天晚上，大山会崩塌，大地要被洪水淹没，不知道要死多少人哪！"

海力布听了大吃一惊。他急忙回到村里对大家说："咱们赶快搬到别处去吧！这个地方不能住了！"大家听了很奇怪，住得好好的，为什么要搬家呢？尽管海力布焦急地催大家，可是谁也不相信。海力布急得掉下眼泪说："我说的话千真万确。相信我的话吧，再晚就来不及了！"有个老人对海力布说："海力布，你让我们搬家，你总得说清楚啊。全村老老小小这么多人，搬家可不容易啊！"

海力布知道再着急也没有用，不把为什么要搬家说清楚，大家是不会相信的。再一犹豫，灾难就要发生。他想到这里，就对大家说："今天晚上，这里的大山会崩塌，洪水会淹没大地。你们看，鸟都飞走了。"接着，他就把怎么得到宝石，怎么听见一群鸟商量避难，以及为什么不能把听来的消息告诉别人等等，都说了。海力布刚一说完，就变成了一块僵硬的石头。

大家看见海力布变成了石头，都非常后悔，非常悲痛。他们含着眼泪，念着海力布的名字，向远方搬去。半夜里，只听身后震天动地的一声巨响，大山崩塌了，地下的洪水冒上来，把他们住的村子淹没了。为了要救大家，海力布牺牲了自己。那块叫"海力布"的石头，现在还在那里，好像在永远向我们诉说这个动人的故事。

| 新字新词： | 商量 shāng liàng | 崩塌 bēng tā | 洪水 hóng | 淹没 yān mò | 避难 bì nàn | 后悔 huǐ | 牺牲 xī shēng |

书原来是印出来的

有一个孩子不愿意读书,父亲就把她关在书房里,对她说:"眼睛仔细看着书,心里认真想着书,这样,你就会从书里看出道理来!"

过了几天,父亲又到书房去检查女儿的学习情况,问道:"女儿,你照我说的做了没有?你从书里看出什么道理来了吗?"

女儿连忙点着头认真地说:"爸爸,您说的一点也不错,我照着您的方法读了三天,觉得大有好处,我现在已经懂得,书原来是印出来的!"

谜 语

你没有他有,
天没有地有。(打一字)

前没有后有,
左没有右有,
家没有国有,
弟没有兄有。(打一字)

老鼠偷蛋

夜晚，月光把滿屋子照得亮亮的。人們都睡下了。一隻小老鼠從洞裡伸出頭來，牠東看看，西看看，看見桌子上放著一隻雞蛋。不一會兒，小老鼠輕輕地從洞裡鑽了出來，身後還跟著一隻大老鼠。

兩隻老鼠飛快地爬到了桌子上。大老鼠用肚子和四隻腳把雞蛋一下子抱住，翻了一個身，睡在桌上，把尾巴向上翹起來。這時，小老鼠馬上咬住了大老鼠的尾巴，把大老鼠一步一步往桌子邊上拉，眼看就快拉到桌子邊上。

這兩隻老鼠怎麼下得來呢？只見小老鼠咬著大老鼠的尾巴，用力一甩，大老鼠就掉下來了！在空中，大老鼠的四隻腳還是抱著雞蛋，一點也沒有鬆開。

大老鼠的身體先碰到地，掉到地上，雞蛋沒有碎！小老鼠跟著也跳了下來，又一口咬住了大老鼠的尾巴，一前一後，牠們就把蛋拖回洞裡去了。

老鼠偷蛋

夜晚，月光把满屋子照得亮亮的。人们都睡下了。一只小老鼠从洞里伸出头来，它东看看，西看看，看见桌子上放着一只鸡蛋。不一会儿，小老鼠轻轻地从洞里钻了出来，身后还跟着一只大老鼠。

两只老鼠飞快地爬到了桌子上。大老鼠用肚子和四只脚把鸡蛋一下子抱住，翻了一个身，睡在桌上，把尾巴向上翘起来。这时，小老鼠马上咬住了大老鼠的尾巴，把大老鼠一步一步往桌子边上拉，眼看就快拉到桌子边上。

这两只老鼠怎么下得来呢？只见小老鼠咬着大老鼠的尾巴，用力一甩，大老鼠就掉下来了！在空中，大老鼠的四只脚还是抱着鸡蛋，一点也没有松开。

大老鼠的身体先碰到地，掉到地上，鸡蛋没有碎！小老鼠跟着也跳了下来，又一口咬住了大老鼠的尾巴，一前一后，它们就把蛋拖回洞里去了。

聪明的孩子徐文长

从前有个聪明的孩子名字叫徐文长。

徐文长五岁的时候,有一天,他和几个孩子在河边玩,他的伯伯挑了两桶水走过来。伯伯把满满的水桶放在岸边上,对孩子们说:"你们中间有谁能提着这两桶水,从桥的这头走到桥的那头,我就送给他一件礼物。"

装满了水的桶很重,桥又很长,孩子们你看看我,我看看你,都摇摇头。只有徐文长站在旁边一声不响地动脑筋。他想了一会儿,就找来了两根绳子。他把绳子绑在水桶上,再把水桶一个一个地放进了河里。就这样,水桶浮在水面上,徐文长提着绳子,牵着水桶走过了桥。孩子们看着,忍不住拍手欢呼起来。

伯伯含着笑拿出一包礼物来,挂在高高的竹竿头上,对徐文长说:"这是给你的礼物。但是,你既不能把竹竿倒下来,也不能站到高处去拿。"

徐文长眼珠子一转,又有了一个好主意。他举着竹竿走到井边,然后把竹竿从井口放下去,很容易地就从竹竿头上取下了那包礼物。

这一次,连伯伯也跟着孩子们为徐文长拍手欢呼了!

新字新词:徐文长 绑在

不倒翁

有一个爱捣蛋的小孩在玩不倒翁。他一次又一次地把不倒翁推倒，想让不倒翁永远起不来。但是，他每一次推倒了不倒翁，不倒翁就都立刻挣扎着站起来，而且还满脸堆着笑容。

小孩暗暗吃惊，他问不倒翁："我把你推倒在地上了，你为什么还那么高兴？"

不倒翁回答说："那是因为，我虽然倒在地上了，但是从来没有灰心，而总是千方百计地要站起来。瞧，我不是又站起来了吗？这难道不值得高兴吗？"

不怕失败的人，就一定会有成功。

我赢了冠军

林强在路上遇到了张亮,张亮问林强:

"林强,你今天怎么这么高兴?"

"嘿,我怎么能不高兴!我今天打了网球,下了象棋,不但赢了网球冠军,还赢了象棋冠军!"

"真的吗?没想到你打网球、下象棋都那么好!"

"当然是真的!我和网球冠军下象棋,他输了。后来,我又和象棋冠军打网球,他也输了!"

谜 语

头尾都是一,
身腰也是一,
听来都是一,
其实不是一。(打一字)

谜底:"三"

從牆里"跑"來的光

兩千多年以前，有一個小朋友，他家裡很窮，卻很喜歡讀書學習。他最喜歡的事，就是向別人借書來讀。可是，因為他白天要幫家裡做事，常常要到晚上才能有時間看書。家裡沒有燈，他只好在月光下讀書。要是晚上沒有月光，他就不能讀書了。

有一天晚上，又沒有月光了。不能讀書，他就睡在床上，想以前讀過的書。想著想著，突然，他看到床邊牆上有一點亮光。這是怎麼回事？他連忙下床，看見那裡有一個小洞，牆那邊的人家的燈光，從小洞里「跑」了過來。他發現洞口的亮光更多，馬上拿來書打開一看，書上的字可以看得見呢！

這個愛讀書的孩子，就在那個洞口認真地讀起書來。從那時開始，他每天晚上在從牆里「跑」來的光下讀書，學到許多知識。

从墙里"跑"来的光

两千多年以前，有一个小朋友，他家里很穷，却很喜欢读书学习。他最喜欢的事，就是向别人借书来读。可是，因为他白天要帮家里做事，常常要到晚上才能有时间看书。家里没有灯，他只好在月光下读书。要是晚上没有月光，他就不能读书了。

有一天晚上，又没有月光了。不能读书，他就睡在床上，想以前读过的书。想着想着，突然，他看到床边墙上有一点亮光。这是怎么回事？他连忙下床，看见那里有一个小洞，墙那边的人家的灯光，从小洞里"跑"了过来。他发现洞口的亮光更多，马上拿来书打开一看，书上的字可以看得见呢！

这个爱读书的孩子，就在那个洞口认真地读起书来。从那时开始，他每天晚上在从墙里"跑"来的光下读书，学到许多知识。

总生字表

一、时光老人的礼物（15）

gǔ	quán	wén	wèi	fèn	zhēn	ān	pái	lǎn	duò	duàn	liàn	tǐ	jiàn	kāng
谷	泉	闻	味	份	珍	安	排	懒	惰	锻	炼	体	健	康

二、第一次跳伞（13）

liàn	fú	cāng	tǎn	duì	yuán	yù	líng	sōu	jí	zhēng	hū	yōu
练	浮	舱	毯	队	员	预	铃	嗖	及	睁	呼	悠

三、地震仪（19）

yí	kē	héng	fù	zé	lù	zhèn	kuàng	yán	bào
仪	科	衡	负	责	录	震	况	研	报

yuán	tóng	zhù	jiǔ	tǒng	hán	dūn	tǔ	zú
元	铜	铸	酒	桶	含	蹲	吐	足

四、神医扁鹊（30）

biǎn	què	shì	shù	jiǎn	chá	zhěn	wàn	mài	gài	shèn	fū	liáo	yǎng
扁	鹊	式	术	检	查	诊	腕	脉	概	甚	肤	疗	痒

jī	cǎi	rù	wèi	nài	fán	huī	qiǎo	yù	fū	jiǔ	tāng	yào	suǐ	jí	chéng
肌	睬	入	胃	耐	烦	挥	巧	遇	敷	灸	汤	药	髓	即	承

五、捉鱼（26）

shǔ	pén	xī	kuān	zhù	bà	dǔ	yǎo	huā	fū	jìn
暑	盆	溪	宽	筑	坝	堵	舀	哗	夫	劲

juǎn	zhēng	jiǎo	shí	jǐn	chǎo	tián	suān	shāo	fu	chén	là	hé	sū	yǐn
卷	蒸	饺	什	锦	炒	甜	酸	烧	腐	陈	辣	核	酥	饮

六、万圣节之夜（26）

shèng	jié	bàn	àn	tǎo	táng	dàn	gé	chèn	shān	mào	kè	yóu	chōu
圣	节	扮	暗	讨	糖	诞	格	衬	衫	帽	克	由	抽

wū	miáo	cái	hé	pào	qiáo	yǎng	dào	piān	xiá	qiān	zhù
巫	苗	材	盒	泡	瞧	仰	盗	偏	峡	迁	祝

（合计129字，累计1285字）

Glossary

疑难词表

一、时光老人的礼物

化成：melt into
泉水：spring
珍贵：precious
赛过：surpass
安排：arrange
一古脑儿：completely; totally
落后：fall behind
锻炼：physical exercise
健康：healthy; in good health

二、第一次跳伞

练习：practice
飘浮：drift
预备铃：get-ready bell
机舱：airplane cabin
飘飘悠悠：float lightly
平静：calm

三、地震仪

地震仪：seismograph
负责：responsible for
记录：record
报告：report
研究：research
铸：cast (using metal)
含着：hold; contain
蹲：squat (v)
紧闭：shut tightly
足足：a full ...

四、神医扁鹊

方式：method
传统：traditional (adj); tradition (n)
流行：prevalent; popular
检查：check; examine
诊断：diagnose
手腕：wrist
脉跳：pulse
皮肤：skin
治疗：apply treatment
肌肉：flesh; muscle
肠胃：intestines and stomach
不耐烦：impatient
碰巧：by chance
热敷：hot compress
针灸：acupuncture
汤药：medicinal brew
骨髓：bone marrow
承认：admit; acknowledge
改正：correct; amend

五、捉鱼

沿着：along a line or an edge
筑坝：construct a dam

六、万圣节之夜

印地安：American Indians; Native Americans
衬衫：shirt or blouse
暗暗：secretly
一本正经：solemnly; with a straight face
特地：especially; just for this occasion
责怪：blame
急中生智：suddenly hit upon a way out of a predicament
白令海峡：Bering Strait
迁移：migrate

马立平课程

中　文

四　年　级
第三单元

编写　马立平

审定　庄　因

插图　陈　毅

一、月亮姑娘做衣裳

晴朗的夜晚，月亮姑娘升起来了，她就像一弯银钩挂在树梢上。

夜风吹来，有一点儿凉。月亮姑娘想，让我也学学地球上的人，请裁缝给我做一件衬衫穿吧。

月亮姑娘找到一位老裁缝。老裁缝给她量了尺寸，约定五天以后来取衣裳。

五天过去了，月亮姑娘按时来取衣裳。多漂亮的新衣裳啊！可是，不知怎么回事，衣裳做得又短又小，月亮姑娘穿在身上，连扣子也扣不上。

老裁缝替月亮姑娘重新量了一下，发现原来尺寸量小了。他抱歉地对月亮姑娘说："真对不起，月亮姑娘，你再过四天来吧，我赶快给你重新做一件，一定比这件还漂亮。"

四天过去了，月亮姑娘又按时来取衣裳。新做的衣裳颜色更美丽，式样更时新。可是，月亮姑娘却还是怎么也穿不上。

老裁缝深深地叹了口气，说："唉，人老眼花，看来我又量错了！没办法，只好再重做一次吧。"说着，他又十分仔细地给月亮姑娘量尺寸，量了三遍他才放心，约定再过三天来取衣裳。

过了三天，老裁缝早早就把衣裳准备好，放在桌子上等候月亮姑娘。老裁缝得意地想："这一回我做得特别仔细，月亮姑娘一定会很满意。"

过了一会儿，老裁缝眼前突然一亮。他抬头一看，月亮姑娘来了！她变得又圆又大，像一个银盘，发出明亮的光辉，连黑黑的夜空都似乎撒上了一层银粉。

"哎呀！这一下，又错了！"老裁缝对月亮姑娘说："对不起，月亮姑娘，我不能再给你做衣裳了。你的尺寸我总也量不准，看样子，这一件衣裳我又做小了。"

所以，月亮姑娘一直到现在还穿不上一件合适的衣裳。

---词 汇---

姑娘	衣裳	晴朗	银钩	树梢	凉	裁缝	量	尺寸	约定
按时	扣子	替	重新	抱歉	颜色	式样	时新	三遍
等候	特别	满意	银盘	光辉	撒上	一层	银粉	合适

---生 字---

| lǎng | gōu | shāo | cái | féng | yuē | liáng | chǐ | àn | kòu | chóng | qiàn | yán | pán | huī | sǎ | hé | shì |
| 朗 | 钩 | 梢 | 裁 | 缝 | 约 | 量 | 尺 | 按 | 扣 | 重 | 歉 | 颜 | 盘 | 辉 | 撒 | 合 | 适 |

文字和语法 第一周

"意"字组成的词

- "得意" as "complacent, pleased with oneself","满意" as "satisfied":

  老裁缝得意地想:"这一回我做得特别仔细,月亮姑娘一定会很满意。"

  齐王赛马赢了田忌,就得意洋洋地夸耀自己的胜利。

  万圣节的晚上,我对弟弟说:"你讨到这么多糖,这下该满意了吧?"

- 其他:

  注意　　"大家注意,飞机马上就要起飞了,请系(jì)好安全带!"

  主意　　你的这个主意(idea)不错,我们就照你说的做吧!

  意见　　关于今年暑假做什么,我们俩的意见(opinion)不相同。

  故意　　这件事他是做错了,但我知道他确实不是故意的(on purpose)。

  同意　　你们今天晚回家,得到家长同意了吗?

  大意　　我小时候做功课常常粗心大意(careless),现在好多了。

  大意　　那本书我三年前读过,到现在我还记得它的大意(general idea)。

  愿意　　老裁缝很愿意给月亮姑娘做衣裳,可是最后没做成。

  意思　　你知道"合适"这个词的意思(meaning)吗?

  有意思　昨晚的电影很有意思(interesting),可是前天晚上的就没意思。

  意义　　做义工(volunteer)服务(fú wù)社会是一件很有意义(meaningful)的事。

  意志　　有的人意志(will)比较强,有的人意志比较弱。

连……都……

月亮发出明亮的光辉,连黑黑的夜空都似乎撒上了一层银粉。

月亮身材多变,连有经验(jīng yàn)(experience)的老裁缝都做不了它的衣裳。

字形　字义　字音

裳—常　　勾—钩　　盘—盆　　晴—请—情—睛　　梢—悄—消

缝—蜂　　短—豆　　村—寸　　粉—分—份—纷　　辉—挥—军

撒—散　　漂—飘　　圆—园—员

到底哪天是中秋节？（上）

有一天，太阳在回汤谷休息的路上，遇见了月亮。太阳见月亮圆圆的脸上光辉照人，和平常很不一样，不由得惊奇地问："哟，月亮姑娘，今天有什么喜事，你打扮得这么漂亮？"

月亮喜气洋洋地回答："您忘啦？今天是中秋节呀！今天哪，世界各地的中国人都要来看我，我当然要打扮得特别漂亮啦！"

太阳摇摇头说："不对呀，我明明记得，去年中秋节是十月二日。可是，今天才九月二十五日，怎么就过起中秋节来了呢？"月亮说："您错啦！每年的中秋节都是八月十五，怎么会跑到九月、十月去呢？"太阳说："不对，不对，我记得清清楚楚，去年的中秋节是十月二日！"月亮不耐烦了，说："八月十五就是八月十五，中秋节是我的节日，我怎么会记错！"

太阳和月亮越争越厉害，谁也不肯认输。这时候，地球说："嘿，别争了！你们俩说得都对！地球上的人计算日子的方式有很多种。太阳说的日子，是阳历(solar calendar)的日子，阳历是按照太阳算的，地球绕太阳转一圈，叫做一年，现在世界上的多数国家用阳历，所以，阳历又叫公历。月亮说的日子，是阴历(lunar calendar)的日子。阴历是古代的中国人发明的，主要是按照月亮来算的，月亮圆一次就是一个月……"

没等地球说完，太阳插嘴说："那怎么行，月圆一次才二十九天，一年十二个月，加起来才三百五十来天，比阳历要少十多天呢！月亮姑娘，怪不得你算的日子和我算的不一样。中国人这样算日子，过不了几年，就会在夏天过新年，那就太糟糕了！"

新字新词：哟　阳历　阴历

到底哪天是中秋节？（下）

地球笑了，说："您先别着急，中国人可聪明呢！古时候，不能印日历，按照月亮的圆和缺来算一个月，很方便。可是，他们也注意到您刚才说的问题。因此每过几年，中国人就会给一年多加上一个月。那个加出来的月，叫作闰月。比方说，有的时候，一年有两个四月，第二个四月叫闰四月。这样，前几年缺少了的日子很快就给补上了。所以您放心，中国人永远不会在夏天过新年！另外，中国人还按照太阳的位置，给每年定了二十四个节气。比如，'夏至'这个节气，是一年中白天最长的一天。冬至这个节气，是一年中黑夜最长的一天。'春分'和'秋分'这两个节气呢，白天和黑夜一样长。中国的农民 (farmer) 是按照节气来安排种庄稼 (to plant crops) 的。"

月亮说："哦，怪不得中国有人把阴历叫做农历呢。中国人的日子既要按照月亮来算，又要按照太阳来算，对不对？"

地球说："是的。不过，由于中国人和别的国家的人来往增多了，现在已经是以阳历为主了。当然，中国人的新年，也就是春节，却还是按照阴历算的。中国的小朋友平时上学、放假都是按照阳历，直到过新年了，才会想起阴历来呢。"

太阳点了点头，说："你这么一说，我完全明白了。谢谢你，地球老弟！月亮姑娘，真抱歉，浪费了你赶路的时间了。"

月亮开心地说："没关系，没关系，我也很高兴从地球这儿学到了新的知识。今天是中秋节，我可得赶快走了，再见！"

新字新词：闰月　农民　庄稼

知识

阴历

阴历和阳历一样，也分大月和小月。所不同的是，阳历的大月有三十一天，小月有三十天，而阴历的大月只有三十天，小月只有二十九天。

另外，一个月里每一天的称呼，阳历和阴历也有所不同。阳历每一天都用"日"或"号"来称呼。比如，八月的第一天称为八月一日或八月一号，八月的第十八天称为八月十八日或八月十八号。阴历呢，每一天都不用"日"或"号"来称呼。一个月的第一天称为初(chū)一，第二天称为初二……，直到第十天称为初十。第十天以后，只要说出数字就可以了。比如，八月的第一天称为八月初一，八月的第十五天呢，就称为八月十五。

还有一个小小的不同，那就是阴历的第一个月我们常常称为"正(zhēng)月"。春节是一年的第一天，也就是"正月初一"。

新字新词：初(chū)一　正(zhēng)月

儿歌

月亮歌

初一初二看不见，初三初四一根线。
初五初六月弯弯，初七初八月半边。
一天更比一天胖，直到十五月才圆。
十七十八月出晚，二十二半夜见半圆。
一天更比一天瘦，三十晚上见月难。

稱象

從前，有個將軍名叫曹操。有一次，人家送他一頭象。

象運到了，曹操帶著兒子和幾個朋友一同去看象。那頭象又高又大，身子像一堵牆，腿像四根柱子，粗粗的鼻子晃來晃去，曹操看了十分喜歡。朋友們一邊看，一邊紛紛議論："這麼大的象，到底有多重呢？"

曹操問道："你們誰有辦法，可以把這頭大象稱一稱？"有人說："沒問題，我們來造一桿大秤(chèng)(scale)，砍一棵大樹做秤桿。"但是有的人卻說："你錯了，有了大秤也不行，誰有那麼大的力氣，能拿得起這桿大秤呀？"還有的人說："辦法倒是有一個，就是先把大象殺死，切成一塊一塊的再稱。"

曹操聽了他們的談話。連連搖頭。

曹操的兒子曹沖才七歲。這時候，他站出來對父親說："爸爸，這還不容易嗎？只要把大象趕到大船上，看船身下沈多少，我們就拿一枝筆，沿著水面，在船旁邊劃一條線。再把大象趕上岸，往船上裝石頭。等船下沈到了劃線的地方，稱一稱那些裝到船上的石頭。石頭有多少斤，大象就有多少斤。"

曹操聽了點點頭。人們照曹沖說的方法去做，果然很快就稱出了大象的重量。

称象

从前,有个将军名叫曹操。有一次,人家送他一头象。

象运到了,曹操带着儿子和几个朋友一同去看象。那头象又高又大,身子像一堵墙,腿像四根柱子,粗粗的鼻子晃来晃去,曹操看了十分喜欢。朋友们一边看,一边纷纷议论:"这么大的象,到底有多重呢?"

曹操问道:"你们谁有办法,可以把这头大象称一称?"有人说:"没问题,我们来造一杆大秤(scale),砍一棵大树做秤杆。"但是有的人却说:"你错了,有了大秤也不行,谁有那么大的力气,能拿得起这杆大秤呀?"还有的人说:"办法倒是有一个,就是先把大象杀死,切成一块一块的再称。"

曹操听了他们的谈话。连连摇头。

曹操的儿子曹冲才七岁。这时候,他站出来对父亲说:"爸爸,这还不容易吗?只要把大象赶到大船上,看船身下沉多少,我们就拿一枝笔,沿着水面,在船旁边划一条线。再把大象赶上岸,往船上装石头。等船下沉到了划线的地方,称一称那些装到船上的石头。石头有多少斤,大象就有多少斤。"

曹操听了点点头。人们照曹冲说的方法去做,果然很快就称出了大象的重量。

二、河神和海神

同学们,你们知道黄河吗?中国人的祖先,就是在黄河边生活的。下面请听一个黄河和大海的故事。

有一年秋天,
一连下了好几天倾盆大雨。
雨水装满了山上的小溪,
雨水装满了山下的小河。
千百条小溪和千百条小河,
统统流进平原上的黄河里。

黄河一下子变宽了!
黄河一下子变大了!
站在河边的人,
都看不清河对岸了!

黄河里的河神,
看着滔滔的河水,
心里十分得意,说:
"我这么宽广这么伟大,
天下有谁能和我相比!"
河神一路唱着歌,
跟着流水往东奔去。
当河神来到了大海,
它不由得大吃一惊:
哎呀!大海里的水连着天,
真是无边无际。

河神赶紧向大海行礼,
说话也分外客气:
尊敬的大海先生,
谢谢你让我开了眼界。
我实在是太渺小了,
根本不能和你相比。
你好像是大象,
我好像只是一只小蚂蚁。

海神却很和气地回答：
河神啊，
我的好兄弟。
我再大，
也大不过天和地。

天地容得下我，
也容得下你。
谁大谁小，
请你不必放在心里。

---- 词 汇 ----

河神　海神　黄河　祖先　生活　故事　一连　倾盆大雨
装满　小溪　统统　流进　平原　变宽　看不清　对岸
滔滔的　宽广　伟大　相比　奔去　大吃一惊　无边无际
赶紧　行礼　分外　客气　尊敬　眼界　渺小　和气　好兄弟
大不过　容得下

---- 生 字 ----

祖(zǔ)　倾(qīng)　滔(tāo)　广(guǎng)　奔(bēn)　际(jì)　尊(zūn)　渺(miǎo)　兄(xiōng)

文字和语法 第二周

"相"字的用法

- "相" (xiāng) as "each other, one another":

相比　"我实在是太渺小了，根本不能和你相比。"

相信　要别人相信 (to trust) 你，你首先得相信你自己。

相信　有人说火星 (Mars) 上有生命，你相信 (to believe) 吗？

互相　你的中文比我好，我的英文比你好，我们可以互相学习啊！

相处　她这个人很容易和别人相处 (to get along with)。

相等　10斤和5公斤 (kg.) 是相等的，10斤和5磅 (lb.) 就不相等了。

相同　有人说，天下没有两片相同的树叶。

相反　我爸爸和妈妈的意见有时候相同，有时候相反。

相当　我种的花长得相当 (very) 好。

相当于　阳历的一年相当于阴历的一年多一点。

相连　我们的学校和一所中学相连着。

- "相" (xiàng) as "image":

睡相　　站相　　长相 (zhǎng)　　照相　　相机 (camera)　　相片 (photo)

"必"字的用法

- "必" as "to have to":

"谁大谁小，请你不必放在心里。"

我们这么多人足够了，你身体不舒服，就不必来了。

老师说，参加这种考试 (kǎo) (exam) 的人，必须 (xū) 在十岁以上。

对不起，我有事必须得先离开了。

字形　字义　字音

神—伸　　祖—组　　可—河　　活—话　　变—弯　　古—故—做

伟—围　　容—客　　象—像　　相—想　　请—情—清—蜻—青

"学问"的故事

有一天晚上,康亮在灯下念书。念着念着,他念到了书上的"学问"两个字。"学"字他认识,"问"字他也认识,可是"学"和"问"这两个字为什么要放在一起呢?放在一起又是什么意思?他就不知道了。康亮去问爸爸。爸爸说:"学问,就是很多知识的意思。"康亮还是不明白:"知识不就是 knowledge 吗?为什么很多知识要说成学问呢?"

"问得好!"在一旁读书的爷爷开口了,"亮亮,爷爷给你讲个故事。从前,有一位老人很有知识,他的房间里挂着一块匾,上面写着'学问'两个大字。老人死了以后,他的两个儿子把匾分成了两半。哥哥拿了个'学'字,从早到晚,只是读书,不提问题。弟弟呢,拿了个'问'字,老是提问题,却不读书。日子久了,两个人都没学到什么知识。后来,他们在一起商量,想起爸爸活着的时候对他们说过,学问,学问,就要又学又问。于是,他们把那块匾重新合起来。从此以后,哥哥除了读书,也变得爱提问题了。弟弟呢,除了提问题,也变得爱读书了。最后,像他们的爸爸一样,哥哥和弟弟都成了有学问的人。"

康亮听了爷爷的故事,说:"这下我懂了,只要又学又问,就能得到很多知识。所以,中国人就把很多知识说成是'学问'啦!"

新字新词:匾

程门立雪

宋朝的时候,有位学问很大的人叫杨时。他虽然已经四十多岁了,仍然很爱学习。

有一个冬天的下午,杨时冒着大雪去找程老师请教一个问题。他来到程老师家门口,忽然听到老师打鼾 (to snore) 的声音。他知道老师正在午睡,便一声不响地站在门口,静静地等候着。

过了很久,老师醒来了。他发现杨时身上落了一层雪,脚埋在雪里,像雪人一样站在门口。老师大吃一惊,连忙把杨时叫进屋里。老师心疼地责怪他说:"外边雪这么大,你怎么不进屋呢?"

杨时说:"老师,我是来向您请教问题的,怎么能影响您休息呢?"

程老师听了,望着门外飞舞的大雪,久久说不出话来。杨时热爱学习、尊敬老师的故事,从此传了下来,人们称之为"程门立雪"。

新字新词:程 宋朝 打鼾 尊敬

故事

猜字谜

一个星期六的晚上,张辉一家人一起坐在灯下猜字谜。

爸爸说:"我先出个字你们猜——有水能种荷花。"妈妈笑了笑,答道:"这个字我知道,和我要出的谜一样。我要出的谜就是:有土能长庄稼。"姐姐接着说:"哦,这个字吗,叫做——有人不是你、我。"哥哥也学着爸爸妈妈和姐姐,笑着说:"嘿,我说这个字就是——有马大步飞跨。"

张辉听了大声说:"嘿,我猜到了!这个字是……"他一边说,一边动手在纸上写出了这个字。

同学们,你知道这是个什么字吗?

谜 语

一点一横短,
两点一横长。
要是猜不着,
请你站一旁。(打一字)

盲人摸象

有一個冬天的下午,幾個盲人坐在外面,一邊曬太陽,一邊談天說地。有一個人趕著一頭大象,從他們旁邊經過。趕象的人聽到盲人們正在高聲議論大象是什麼樣子的,就說道:"來吧,來吧,請你們來摸一摸,你們就知道大象到底是什麼樣子的了!"盲人們一聽,馬上都站起身圍了過來。

跑得最快的那個盲人一下子碰到大象的身子,他在大象身上摸來摸去,說:"哦,我知道了,大象長得像我家的牆!"

"你錯了!"摸著大象鼻子的那個盲人大叫了起來,"我說大象像一個又大又長的蘿蔔!"

抱著象腿的盲人說:"咦,奇怪,我摸著的大象,怎麼像一棵樹?"

"不對,不對,你們說得都不對!大象啊,明明像一根粗粗的,晃來晃去的繩子!"拉著大象尾巴的盲人急忙反對他的朋友。

聽著他們在那裡爭論不休,那大象的主人只能搖搖頭,趕著大象走開了。

盲人摸象

有一个冬天的下午，几个盲人坐在外面，一边晒太阳，一边谈天说地。有一个人赶着一头大象，从他们旁边经过。赶象的人听到盲人们正在高声议论大象是什么样子的，就说道："来吧，来吧，请你们来摸一摸，你们就知道大象到底是什么样子的了！"盲人们一听，马上都站起身围了过来。

跑得最快的那个盲人一下子碰到大象的身子，他在大象身上摸来摸去，说："哦，我知道了，大象长得像我家的墙！"

"你错了！"摸着大象鼻子的那个盲人大叫了起来，"我说大象像一个又大又长的萝卜！"

抱着象腿的盲人说："咦，奇怪，我摸着的大象，怎么像一棵树？"

"不对，不对，你们说得都不对！大象啊，明明像一根粗粗的，晃来晃去的绳子！"拉着大象尾巴的盲人急忙反对他的朋友。

听着他们在那里争论不休，那大象的主人只能摇摇头，赶着大象走开了。

三、放风筝

有一个星期天的早晨，天气特别晴朗。微风轻轻地吹着，正是放风筝的好时候。我和哥哥拿着我们做的"大蜻蜓"，高高兴兴地来到了一片大草地。

到大草地来放风筝的人可真不少。他们有的已经把风筝放上了天空，有的举着风筝正要放。我对哥哥说："快，咱们快点让'大蜻蜓'也飞上天吧。"

哥哥让我举着"大蜻蜓"，他拿着线轴，飞快地向前跑，边跑边放线。等到他喊了一声"放"，我就赶紧松开手。哥哥拉着风筝又跑了一会儿，才收住脚。我们的"大蜻蜓"稳稳当当地向天上飞去。它那两对大翅膀微微地扇动着，两只眼睛骨碌碌直转。这时，有一架飞机从东边飞过来。我们的"大蜻蜓"仿佛比飞机飞得还高呢。我高兴得一边拍手一边嚷："蜻蜓赛过飞机啦！蜻蜓赛过飞机啦！"

一会儿，飞来了几只小鸟，它们围着"大蜻蜓"叽叽喳喳地叫，好像在奇怪地说："你是从哪儿飞来的呀？好漂亮啊！"我正看得入神，西边一下子又飞起了一只漂亮的"大蝴蝶"，拍着翅膀升上了天空。

天空中的风筝越来越多，各式各样，热闹极了。那只金黄色的"小蜜蜂"，翘着两只绿色的翅膀。那条鲜红色的"大金鱼"，尾巴一摆一摆的，好像是在水里游。还有那"小卫星"，闪着金光，仿佛在宇宙中飞行……

五颜六色的风筝随风飘荡，衬着蓝蓝的天空，是那么鲜艳，那么美丽。

词汇

放风筝　特别　微风　轻轻地　蜻蜓　举着　正要　线轴　赶紧

收住脚　稳稳当当　微微地　扇动着　骨碌碌　仿佛　嚷　赛过

围着　叽叽喳喳　漂亮　入神　升上　各式各样　热闹　蜜蜂

翘着　鲜红　卫星　宇宙　五颜六色　随风飘荡　衬着　鲜艳

生字

zhēng	zhóu	shàn	wěn	lù	fǎng	rǎng	jī	zhā	wèi	yǔ	zhòu	suí	yàn
筝	轴	扇	稳	碌	仿	嚷	叽	喳	卫	宇	宙	随	艳

文字和语法 第三周

"放"字的用法

- "放" as "to let go, to set free":

  春天是放风筝的好时候。

  游泳池里的水脏了,把它放了换一池干净的吧!

- "放" as "to put, to locate":

  老裁缝把做好的衣裳放在桌子上。

  那个盒子里放满了各种巧克力糖。

- 其他:

放心　弟弟对妈妈说:"放心吧,我骑车一定会很小心的。"

放学　我和朋友们约好放学以后一起去图书馆。

放假　平时,大家往往盼望着放假,放假久了,又盼望着开学。

放大　在电脑上要放大一张画非常容易。

放羊　听说在农村十来岁的孩子就能一个人放一大群羊。

放松　紧张了一个星期,周末 (weekend) 让我们来放松 (relax) 一下。

开放　新造的博物馆下星期天就要第一次开放了。

一……一……

那条红色的"大金鱼",尾巴一摆一摆的,好像是在水里游。

小兔子走路一跳一跳的,很有趣。

请你一个字一个字地读,读得清楚些。

她一本一本地找,终于找到了自己需要的书。

饭要一口一口地吃,事情要一件一件地做。

　　　　　　　　　　　　　　　　　　　字形　字义　字音

扇—羽　　　伙—火　　　喳—查　　　筝—睁—挣—争

稳—急　　　随—髓　　　碌—绿—录　　仿—方—放—房—防

佛—费　　　蜜—密　　　几—叽—机　　轴—由—油—宙—抽

中国的 "Holiday Season"

亲爱的小丽：

你好！来信收到了。你在信里告诉我，每年到了十一月底，美国就进入了 Holiday Season。其实，中国也有 Holiday Season，而且也是在冬天。

你知道，我们现在过的很多节日，都是以前农业社会(agricultural society)的时候流传下来的。那时候，人们春种秋收，除了下雨的日子，几乎每天都要到农田里去工作，可不像现在工业社会(industrial society)，可以每星期工作五天，休息两天。农业社会里，人们在春天种下种子，一直要工作到秋天收获以后，才能有比较多的时间休息。所以，冬天就成了 Holiday Season 了！

到了阴历十二月，中国人就开始准备过春节了。十二月的最后一天叫做除夕(New Year's Eve)。除夕的晚饭叫年夜饭。在外地工作或读书的人，都会赶回家去和家人一起吃年夜饭，就象美国的圣诞夜一样。吃完年夜饭，人们围在火边等候新年。等到公鸡一叫，正月初一到了！人们赶快跑到外面放鞭炮(fireworks)，迎接新年。

从正月初一的早晨开始，人们互相拜年，祝贺新春。去向大人拜年的小孩子，会得到大人给的"压岁钱"。这样的拜年活动，会连续好些天。

正月十五是元宵节。那天晚上，人们吃了元宵(dumplings)就去看灯会(Lantern Festival)。过完元宵节，才算真正过完了春节。

你说，这可算得上是个 Holiday Season 吧？

祝你新年快乐！

奶奶　　1999．1．1

新字新词：收获　除夕　年夜饭　圣诞夜　压岁钱　拜年　祝贺　元宵节

元宵灯会

正月初一是新年，正月十五是元宵节。在元宵节的那天晚上，人们点起很多漂亮的灯笼。张三和李四约定一同去镇上看灯。

到了出发的时候，张三挑着一担稻草来了。李四见了，皱着眉头说："你挑着担子，怎么走得快？"张三说："我这稻草是挑去送给朋友的。我们来比一比，看谁先到镇上，怎么样？"

他们说走就走。一路上，张三挑着重担，稳稳当当地快步走着。李四一边走，一边和别人说说笑笑。

大约走了一个小时，张三到了镇上。他往人群里看去，不见李四的身影，只见灯会上到处挂着各式各样的灯笼，五颜六色。走马灯在骨碌碌地转，小孩子拉着雪亮的兔子灯满地跑。一队年轻人举着一条威武漂亮的长"龙"，边走边舞。忽然，张三耳边传来一阵铃声。他一看，只看见一个姑娘挥舞着亮闪闪的银铃。随着铃声的起落，一大一小两只金色的"狮子"，上下左右地跳动着。一转眼，"狮子"一个翻身，变成了几个小伙子。原来，那大"狮子"是两个人扮的，小"狮子"是一个人扮的。灯会上真热闹啊！张三正看得入神，忽然，有人拍了一下他的肩膀。他转过身一看，李四笑眯眯地站在他面前，说道："想不到真的你比我到得更早！"张三也笑了："我没输给你吧？"

同学们，挑着担子的张三为什么反而走得更快？想想平时的学习和生活，你们从这个故事里可以学到一个什么道理？

新字新词：灯笼　镇上　威武

幽默

月牙儿

教室里静悄悄的，同学们都在听老师讲关于月亮的知识。

"同学们，你们知道吗，月亮虽然看上去很小，其实却是很大的！月亮上面，能住得下千百万人呢！"

大家正听得入神，小明突然举起手来，眉头皱得紧紧的。老师停下来问道："小明，你有什么问题？请站起来说。"

小明赶紧站起身来问："可是，当月亮变成月牙儿的时候，我怕这些人就会被挤得掉下去了，那该怎么办？"

谜 语

一座彩桥架天空，
太阳在西它在东。

- - - - - - - - - - - - - - - - -

弯弯一座桥，
造得真巧妙，
七色鲜艳见分明，
稳稳当当顶天高。

鋸是怎樣發明的

魯班是中國古時候一個有名的木匠。

有一回，魯班得在很短的時間裡，造起一座很大的房子來。魯班需要很多大木料，就派人上山去砍樹。可是，用斧子砍樹，一天砍不了幾棵，魯班的木料總是不夠用。缺少木料，他很著急，就親自上山去砍樹。

魯班抓住樹根和野草，一步一步往山上爬。爬著爬著，他的手指被一根小草劃破了，流出血來。

魯班停下來仔細一看，發現小草的葉子邊上，有許多尖尖的小齒。他試了試，用小草在手指上一劃，手指就破了。魯班看著手上的小草，心想，如果我用鐵打一把有齒的工具，會不會比用斧子砍更快呢？他忘了疼痛，馬上回去打了一把，拿到山上一試，果然比斧子又快又省力。

魯班就這樣發明了鋸。

锯是怎样发明的

鲁班是中国古时候一个有名的木匠。

有一回，鲁班得在很短的时间里，造起一座很大的房子来。鲁班需要很多大木料，就派人上山去砍树。可是，用斧子砍树，一天砍不了几棵，鲁班的木料总是不够用。缺少木料，他很着急，就亲自上山去砍树。

鲁班抓住树根和野草，一步一步往山上爬。爬着爬着，他的手指被一根小草划破了，流出血来。

鲁班停下来仔细一看，发现小草的叶子边上，有许多尖尖的小齿。他试了试，用小草在手指上一划，手指就破了。鲁班看着手上的小草，心想，如果我用铁打一把有齿的工具，会不会比用斧子砍更快呢？他忘了疼痛，马上回去打了一把，拿到山上一试，果然比斧子又快又省力。

鲁班就这样发明了锯。

四、长城的回忆

七年前的一天,爸爸带我去游长城。

下了车,只见一座足有两三层楼高的墙,立在我们面前。爸爸说,这就是长城。我拉着爸爸的手,跟着人群一步步登上了长城。

登上长城一看,上面仿佛是一条路。原来,因为长城很厚,又很长,它的顶上就形成了一条挺宽的路。"路"的两旁,各是一道矮矮的小墙。这条"路"跟着山岭时高时低,一直通到很远很远,我看不见的地方。远远看去,我觉得长城像仙女抛下的一根丝带,又像浮游在大海里的一条乌龙。

我问爸爸:"以前的人,为什么要造这么厚这么长的墙呢?"

爸爸说:"你看,古时候,长城的这边是咱们中国,那边就是别的国家。那些国家经常要来打中国。建造这么厚这么长的墙,为的是挡住敌人呀!"

这时候,我奇怪地发现,长城顶上每隔一段路就有一座楼。

爸爸告诉我说:"这是烽火台。守卫长城的士兵发现敌情,就在这里点上烽火。远处的军队看到了烽火,就会很快赶来。"

词汇

长城　游　回忆　足有　人群　登上　厚　形成　一道　矮矮的
山岭　时高时低　造　挡住　仙女　抛下　丝带　浮游　乌龙
建造　隔　一段路　烽火台　守卫　士兵　发现　敌情　军队
子女　女墙　有趣　平平的　高高低低　巨大　邮票

生字

城　忆　登　敌　抛　建　隔　烽　台　守　士　巨　邮　票

课 文 第四周

爸爸指着"路"两边的小墙对我说:"这两道小矮墙,像不像大墙的子女?人们叫它们女墙。"我一听见这有趣的名字,不由得笑出声来。爸爸说:"先别笑,我问你一个问题。你看这一边的女墙是平平的,可对着敌人的那边呢,却是高高低低的。你想一想,这是为什么?"

我一看,两边的女墙果然是不一样的!一边的墙是平的,到处都是一样高;而另一边呢,却是每隔几步就有一块高起来的地方,很像一张巨大的邮票的边。

课 文 第五周

我想了想,就说:"这高起来的地方,是不是让中国的士兵躲着向敌人射箭的?"爸爸一面笑一面点着头说:"你讲得很对!躲在这后面,敌人打不到你,你却可以打到敌人。"

正说着,我忽然看到远处的长城上有一个缺口,就赶忙问:"爸爸,你看那里,长城怎么断了?"爸爸说:"听说从前有一位阿姨,她的丈夫被抓来造长城。冬天来了,她到长城来给丈夫送冬衣。可是,当她从远方的家乡来到长城,才知道丈夫已经累死了。她的哭声,把长城震倒了一大块。……"爸爸的故事讲完了,我的心里却一直想着那位阿姨,直到今天,我还为她难过。

课 文 第五周

　　这些年来我虽然生活在美国，可是我对中国、对长城的了解，却在不断地增加。我从书上读到，二千多年前，秦始皇统一了中国。他把春秋战国时代一些国家的城墙连接起来，建成了万里长城。为造长城而死去的人，成千上万。当然，我也知道了，自己看到的那个长城上的缺口，不是真的被那位阿姨哭倒的，而是一处天险。这样的天险，长城上还有好多处。

　　长城啊长城，不知道你的烽火台上，曾经点起过多少次烽火？不知道勇敢的中国将士们，在你脚下打过多少次胜仗？又有过多少次失败？

　　长城啊长城，你的见识是那么丰富。你能不能告诉我，中国的未来会是怎么样？世界会有平安的一天吗？过去的人不知道现在，现在的人不知道未来。只有你，长城，我想你一定会等到那一天。

词 汇

躲着　射箭　缺口　断了　故事　阿姨　丈夫　冬衣　家乡　累死
震倒　难过　转眼　虽然　了解　增加　秦始皇　城墙　连接
成千上万　天险　曾经　点起　勇敢　将士　胜仗　失败　见识
丰富　未来　世界　平安

生 字

丈　解　增　秦　未　丰

文字和语法 第四周

Read at Home!

仿佛、似乎、好像

- "仿佛"、"似乎" and "好像" are of same meaning, among them "仿佛" sounds most literary and "好像" sounds most colloquial：

  登上长城一看，上面仿佛是一条路。

  登上长城一看，上面似乎是一条路。

  登上长城一看，上面好像是一条路。

"登"字组成的词

登上 (to ascend)　　登山运动员 (mountaineer)　　登报 (to publish in the newspaper)

登记 (to register)　　登广告 (to advirtise)　　登门 (to call at somebody's house)

"足"字的用法

- "足" as "full, as much as"：

  下了车，只见一座足有两三层楼高的墙，立在我们面前。

  地震的地方离张衡的地震仪足足有一千多里路。

- "足" as "feet"：

  足球是用脚踢的，篮球和排球是用手打的。

  和脚有关的动词常常是足字旁的。

- "足" as "enough, suffecient"：

  别着急，我们有足够的时间。

  去年万圣节她们姐妹俩讨到的糖，足够吃两个月的。

"挺"字的用法

- "挺" as "very, pretty"：

  原来，因为长城很厚，又很长，它的顶上就形成了一条挺宽的路。

  元宵灯会上的那些灯，个个都挺漂亮的。

- "挺" as "to straight"：

  一粒种子睡在泥土里，它醒过来，觉得很暖和，就把身子挺一挺。

  妈妈常常提醒我要把胸挺起来。

文字和语法 第五周

"识"字组成的词

- "见识" as "insights and knowledge":

  长城啊长城，你的见识是那么丰富。

  对于一个爱学习的人，看书，看电视，或者外出旅游，都能让他增长见识。

- "知识" as "knowledge":

  人们常说"活到老，学到老"，永远有新的知识等着我们去学习。

- "认识" as "to recognize":

  这篇文章里的字我全都认识。

- "识别" as "to distinguish":

  有一种电脑软件(ruǎn jiàn) (computer software) 可以识别手写的汉字。

- "常识" as "general knowledge, common sense":

  这是一本关于科学常识的书。

不是……而是……

- "不是……而是……" as "is not ... but":

  那个长城上的缺口不是真的被那位阿姨哭倒的，而是一处天险。

  不是扁鹊没病找病，而是齐王真的有病。

一面……一面……

- "一面……一面……" as "…while…":

  爸爸一面笑一面点着头说："你讲得对！"

  每天吃晚饭的时候，我们全家人喜欢坐在一起一面吃饭一面聊天。

字形　字义　字音

城—成	厚—原	建—健	受—爱	邮—睡	岭—铃—令
丈—仗	趣—取	挡—当	增—曾	矮—短	烽—蜂—缝

神农炎帝的故事

中国人往往称自己为"炎黄子孙",这"炎"指的就是炎帝。

炎帝来到这世界上的时候,人们还不知道种庄稼,靠着打猎、采野果、采野菜为生。人们常常打不到野兽,找不到野果和野菜,所以常常受饿。

炎帝看见人们受饿,很难过。他想,如果能够把一种可以吃的食物的种子种到地上,等种子结出果实,人们不就随时有食物可以吃了吗?可是,到哪里去找食物的种子呢?炎帝想啊想啊,几天几夜都睡不着觉。有一个白天,他终于迷迷糊糊地倒在地上睡着了。突然,一阵大鸟拍打翅膀的声音,把他从梦中惊醒了。他急忙跑出门外,看见一只红色的神鸟,嘴里衔着一棵很大的禾苗,正飞过上空。各种谷物从那禾苗的穗(ear)上,像下雨一样撒落下来。

炎帝高兴极了,他跳着嚷着:"这就是五谷*的种子!这就是五谷的种子!"炎帝叫人们把谷种拾起来,又教他们把土翻松了,把种子种到地里。春去秋来,人们终于收获了自己种的五谷。炎帝又教人们把五谷晒干,收藏起来。从此以后,人们即使打不到野兽,找不到野果野菜,也不用担心饿肚子了。人们非常感谢炎帝,就尊敬地称他为神农。

---

* 五谷是指各种可以吃的谷物,如稻(rice)、麦(wheat)、玉米(corn)、豆子(beans)等等。

黄帝的故事

我们已经读过好几个炎帝的故事，现在我来说一个黄帝的故事。"炎黄子孙"里的"黄"，就是指的黄帝。请大家注意，"黄帝"并不是"皇帝"。中国历史上有很多皇帝，而黄帝却只有一个。

黄帝和炎帝一样，原来也是一位天上的神仙，天帝派他去管理和帮助地上的人们。黄帝长得很特别，他有四张脸，可以同时面向东、南、西、北四个方向。这样，使得他能够随时看到四方，对于管理天下，当然十分方便。

黄帝来到世界上以后，教会了人们用大树做船、用小树做车。就连人们住的房屋、煮饭用的锅子，传说都是黄帝发明的。

有一次，南方的一个名叫蚩尤的凶神打来了。黄帝就带着他的军队和蚩尤作战。蚩尤眼看就要打败了，他忽然仰天张开了大口，吐出一团团浓雾。战场上立刻天昏地暗，黄帝的士兵们迷失了方向。

黄帝连忙请来风神，风神张开了风袋，放出大风猛吹。谁知大风一直吹了三天三夜，浓雾仍然不散。黄帝的士兵们在浓雾里东冲西闯，乱成一团。

黄帝急中生智，发明了一种可以指明方向的车子。车上站着一个假人，无论车子东转西走，假人的手永远指着南方。靠着这种指南车，黄帝的士兵们终于冲出浓雾，最后战胜了蚩尤。黄帝所造的指南车，也就是世界上最早的指南针(compass)。

新字新词：管理　蚩尤　浓雾

"懒惰"的阿凡提

有一天,阿凡提家门口来了一个讨饭的人。阿凡提看那人年轻力壮,就问道:"小伙子,你看上去很健康,为什么不去工作,却要来讨饭呢?"

那人回答说:"唉,我心里是很想去工作,可是都怪我的手太懒惰,两只手都不愿意去工作!好心的先生,谢谢您,请您给我一点吃的东西吧!"

阿凡提听了说道:"唉,年轻人,我心里的确是很想给你一点吃的东西,可是都怪我的手太懒惰,两只手也都不愿意去拿饭!对不起了,小伙子!"

谜语

不是上,不是下,
"下"字里它在上面,
"上"字里它在下面。(打一字)

狐假虎威

森林裡，有一隻老虎餓著肚子，正在尋找食物。一隻狐狸從他身邊跑過。老虎跳起來撲過去，把狐狸抓住了。

狡猾的狐狸眼珠子一轉，大聲對老虎說："你不要命啦，你敢吃我？"

"我為什麼不敢？"老虎反問道。

"你知道我是誰？我是老天爺派來管你們的！你敢吃我？看你有多大的膽子！"

老虎一下子被嚇住了，慢慢鬆開了爪子。狐狸搖了搖尾巴，對老虎說："不信，我帶你到森林裡走一趟，讓你看看我的威風。"

狐狸和老虎，一前一後，往前走去。狐狸神氣活現，搖頭擺尾；老虎半信半疑，東張西望。

森林裡的野豬啦，灰狼啦，梅花鹿啦，看見狐狸大搖大擺地走來，和平常很不一樣，都覺得很奇怪。再往狐狸身後一看，呀！一隻大老虎！大大小小的野獸，都嚇得轉身就跑。

兇惡的老虎受騙了。狡猾的狐狸是借著老虎的威風，才把野獸嚇跑的。

狐假虎威

森林里,有一只老虎饿着肚子,正在寻找食物。一只狐狸从它身边跑过。老虎跳起来扑过去,把狐狸抓住了。

狡猾的狐狸眼珠子一转,大声对老虎说:"你不要命啦,你敢吃我?"

"我为什么不敢?"老虎反问道。

"你知道我是谁?我是老天爷派来管你们的!你敢吃我?看你有多大的胆子!"

老虎一下子被吓住了,慢慢松开了爪子。狐狸摇了摇尾巴,对老虎说:"不信,我带你到森林里走一趟,让你看看我的威风。"

狐狸和老虎,一前一后,往前走去。狐狸神气活现,摇头摆尾;老虎半信半疑,东张西望。

森林里的野猪啦,灰狼啦,梅花鹿啦,看见狐狸大摇大摆地走来,和平常很不一样,都觉得很奇怪。再往狐狸身后一看,呀!一只大老虎!大大小小的野兽,都吓得转身就跑。

凶恶的老虎受骗了。狡猾的狐狸是借着老虎的威风,才把野兽吓跑的。

孟姜女的传说

传说在很久以前,有一个村里住着两家人家,一家姓孟,另一家姓姜。他们两家是邻居,虽然隔着一道墙,却互相关心,亲如一家人。有一年春天,孟家种了一棵南瓜。南瓜藤爬呀爬,翻过墙,爬到姜家去了。到了秋天,姜家墙边结了一个很大很大的南瓜。南瓜成熟了,孟大爷就对姜大爷说:"这瓜是我们两家的,咱们各分一半吧!"姜大爷拿来一把刀,刚要去切瓜,突然大南瓜自己裂开了,里面坐着一个白白胖胖的小姑娘!孟家和姜家都没有孩子,他们高兴极了,决定一起把这女孩子养大,他们给她取了个名字,叫孟姜女。

孟姜女快快乐乐地长成了一个大姑娘。可是没有想到,就在她结婚(to get married)的那一天,她的丈夫被抓去建造长城。孟姜女非常难过,天天想念远去的丈夫。冬天快到了,孟姜女带着缝好的冬衣,到建造长城的工地上去寻找她的丈夫。她找遍了整个工地,也看不见丈夫的人影。她问遍了所有的人,才知道她丈夫已经在一个月前,累死在长城脚下了。孟姜女来到埋着她丈夫的地方,失声痛哭。突然,天上电闪雷鸣,只听得"轰隆"一声巨响,长城倒了一大段!人们都说,天帝和长城仿佛都在为孟姜女而伤心呢!

新字新词: 孟姜女 藤 结婚

钥匙 (yào shi)

爸爸的钥匙吊(diào)在腰上。妈妈的钥匙藏在包里。奶奶的钥匙裹(guǒ) (to wrap)在手帕(pà) (handkerchief)中。我的钥匙挂在脖子底下。

有一天,我们全家去动物园玩,回家的时候,天已经黑了。来到家门口,大家都争着去开门。

爸爸转过身子,用手摸腰上吊着的钥匙,摸了一只又一只,都不对,没摸着开房门的那把钥匙。

妈妈把手伸进包里,找来找去,就是找不到钥匙。

奶奶从衣袋里拿出了手帕,一层一层地打开来。只听"当"的一声,钥匙掉在地上,不知跳到哪里去了。

我呢,伸手把钥匙从脖子上取了下来。一眨眼的功夫,"嗒"的一声,门就打开了。我冲进屋,很快开了电灯,门口一片光明。哈,只见爸爸、妈妈、奶奶还都在找自己的钥匙呢!

看到门开了,灯也亮了,他们都笑着说:"还是挂在脖子底下的钥匙最方便哪!"

但是他们办不到,因为他们是大人。要是大人也在脖子底下挂着钥匙,那该有多可笑!看来,做一个大人有时候也有不如孩子的地方。

新字新词:钥匙(yào shi) 吊(diào) 裹(guǒ) 手帕(pà)

量词用错了

甲：你听说用错了量词 (measure words) 会闹笑话吗？

乙：你先说说什么叫量词？

甲：量词在英文里没有，在中文里才有。比如英文里说"a bird"，"five books"，在中文里你不能说"一鸟"、"五书"，而要说"一只鸟"、"五本书"。这"一只鸟"的"只"和"五本书"的"本"，就是量词。这样吧，我说一件事，把量词用错，你听听好笑不好笑。

乙：好，开始吧。

甲：舅舅(jiù jiu)(uncle) 从纽约(niǔ yuē)来看我们，一头小表妹(biǎo)(cousin) 跟来了。

乙：一头小表妹？小牛才叫一头呢！

甲：小表妹才五岁，有两座大眼睛。

乙：两座大眼睛？眼睛变成山了！

甲：穿着一堆漂亮的衣服。

乙：你表妹穿一堆衣服？我看她是要开衣服店吧？

甲：舅舅给我们带来礼物，是一根烤鸭。

乙：一根烤鸭？是一根鸭毛吧？

甲：我们也送舅舅礼物，是一滴酒。

乙：送舅舅一滴酒？你们也太小气了吧？

甲：还有一顶奶油蛋糕。

乙：有把蛋糕顶在帽子上的吗？

甲：他们坐船回去的时候，我们去送他们。我们挥着手，船一块一块地离开了。

乙：船分成一块一块的，要沉下去啦！（大声）赶快来救人呀！

甲：船是一点一点地离开了，我量词用错了！

乙：吓死我了！

温故知新

湯的湯

　　有一回，阿凡提打到一隻野兔，正好他的朋友來了，他就熱情地請朋友一起喝兔子湯。

　　第二天，來了一個人，一進門就對阿凡提說："聽說你打到了一隻野兔，能不能也讓我嚐一嚐？"阿凡提問："你是誰？我不認識你啊！"那人回答："我嗎？我是你朋友的朋友啊。"阿凡提聽了，轉身拿出一碗湯來說："請喝吧！"

　　那人一嚐，連連搖頭："這是什麼兔子湯，怎麼一點味道也沒有？"

　　阿凡提十分認真地說："因爲你是我朋友的朋友，所以，我請你喝的是兔子湯的湯啊！"

简体对照

汤的汤

　　有一回，阿凡提打到一只野兔，正好他的朋友来了，他就热情地请朋友一起喝兔子汤。

　　第二天，来了一个人，一进门就对阿凡提说："听说你打到了一只野兔，能不能也让我尝一尝？"阿凡提问："你是谁？我不认识你啊！"那人回答："我吗？我是你朋友的朋友啊。"阿凡提听了，转身拿出一碗汤来说："请喝吧！"

　　那人一尝，连连摇头："这是什么兔子汤，怎么一点味道也没有？"

　　阿凡提十分认真地说："因为你是我朋友的朋友，所以，我请你喝的是兔子汤的汤啊！"

五、草船借箭

一千七百年前，在中国历史上，是三国时期。那时候，曹操、孙权和刘备把中国分成了三个国家。有一次，孙权和刘备联合起来，跟曹操打仗。曹操的军队在长江北岸，孙权和刘备的军队在长江南岸。孙权的军师叫周瑜，刘备的军师叫诸葛亮。周瑜和诸葛亮都是非常聪明的人，可是周瑜很嫉妒诸葛亮，一心想和他比个高低。

有一天，周瑜问诸葛亮："我们就要跟曹军打仗了。在水上打仗，用什么兵器最好？"诸葛亮说："用箭最好。"周瑜说："对，先生跟我想得一样。但是现在军中缺的正是箭，我想请先生负责赶造十万枝箭，先生做得到吗？"诸葛亮说："可以。不知道这十万枝箭您什么时候要用？"周瑜问："十天造得好吗？"诸葛亮说："只要三天就够了。"周瑜说："先生可不能开玩笑！"诸葛亮说："我怎么敢跟您开玩笑？我愿意写下保证书，如果三天造不好，您可以罚我。"周瑜很高兴，就叫诸葛亮写下了保证书。诸葛亮说："今天来不及了，从明天起，到第四天早上，请派五百个士兵到江边来搬箭。"

孙权身边还有一个官员名字叫鲁肃。鲁肃对周瑜说:"十万枝箭三天怎么造得成呢?诸葛亮说的是假话吧?"周瑜说:"这可是他自己说的。传我的命令,造箭用的材料,谁也不准给他准备齐全。到时候造不成箭,他就没话可说了。你去问问诸葛亮,看他怎么打算,回来报告我。"

鲁肃去见诸葛亮。诸葛亮说:"要三天造好十万枝箭,这件事得请你帮帮我的忙。"鲁肃说:"都是你自己找的麻烦,我怎么帮得了你的忙?"诸葛亮说:"希望你借给我二十条船,每条船上要三十个士兵。船要用青布遮起来,还要一千多个草把子,排在船的两边,我保证第三天会有十万枝箭。但是,这事可不能让周瑜知道。他要是知道了,我的计划就完了。"

词汇

草船借箭　三国时期　曹操　孙权　刘备　联合　打仗　长江　北岸　南岸　军师　周瑜　诸葛亮　嫉妒　比个高低　兵器　缺　负责　赶造　开玩笑　愿意　保证书　罚　来不及　派　搬箭　官员　鲁肃　假话　材料　不准　准备　齐全　打算　麻烦　青布　遮起来　排在　计划

生字

quán	liú	lián	yú	zhū	gě	jí	dù	fá	zhē	bān	jì	bǎo
权	刘	联	瑜	诸	葛	嫉	妒	罚	遮	搬	计	保

鲁肃答应了。他回来报告周瑜，果然没提借船的事，只说诸葛亮不需要平常造箭的材料。周瑜说："既然这样，到了第三天，看他怎么办！"

鲁肃派了二十条快船，每条船上又派了三十个士兵，照诸葛亮说的布置好，等候诸葛亮使用。第一天，不见诸葛亮有什么动静；第二天，仍然不见诸葛亮有什么动静；直到第三天半夜，诸葛亮把鲁肃请到船里。鲁肃问他："你叫我来做什么？"诸葛亮说："请你一起去取箭。"鲁肃问："哪里去取？"诸葛亮说："不用问，去了就知道。"诸葛亮吩咐把二十条船用绳子连接起来，朝北岸开去。

这时候大雾漫天，江上连面对面都看不清。天还没亮，船已经靠近了曹军军营。诸葛亮下令把船头朝西，船尾朝东，摆成一个"一"字。他又叫船上的士兵一边敲起战鼓，一边大声呐喊。鲁肃吃惊地说："如果曹军出来，怎么办？"诸葛亮笑着说："雾这么大，曹操一定不敢派兵出来。我们只管喝酒聊天，天亮了就回去。"

曹操听到战鼓声和呐喊声，就下令说："江上雾很大，敌人忽然来进攻，我们不要轻易出动。只叫弓箭手朝他们射箭，别让他们靠近。"曹操的一万多个弓箭手，就一起朝江中放箭。箭好像下雨一样，落到船上的草把子上。过了一会儿，诸葛亮下令把船掉过来，船头朝东，船尾朝西，仍然敲鼓呐喊，靠近曹军军营再去受箭。

太阳出来了，雾还没有散。这时候，船两边的草把子上都插满了箭。诸葛亮吩咐士兵们齐声高喊："谢谢曹丞相的箭！"接着就叫船队驶回南岸。曹操这才知道上了当，可是诸葛亮的船顺风顺水，已经飞一样地放回二十多里，追也来不及了。船队靠岸的时候，周瑜派来的五百个士兵正好来到江边搬箭。每只船上大约有五六千枝箭，二十条船总共有十万多枝。鲁肃见了周瑜，告诉了他诸葛亮借箭的经过。周瑜长叹一声，说："诸葛亮神机妙算，我真不如他！"

词汇

平常　既然　快船　布置　等候　使用　动静　仍然　半夜　取箭
吩咐　绳子　连接　朝　大雾　漫天　看不清　军营　敲起
战鼓　呐喊　吃惊地　不敢　只管　喝酒　聊天　轻易　弓箭手
掉过来　受箭　插满　齐声　曹丞相　驶回　上了当　顺风顺水
飞一样　正好　总共　长叹一声　神机妙算

生字

zhì	fēn	fù	cháo	wù	màn	yíng	qiāo	nà	liáo	chéng	shǐ
置	吩	咐	朝	雾	漫	营	敲	呐	聊	丞	驶

文字和语法 第六周   Read at home!

"当"字的用法

- "当" as "just at": （现在）

  周瑜很高兴，就叫诸葛亮**当面** (face to face) 写下了保证书。

  你带病去游泳的事要是我**当时**知道了的话，是不会同意的。

  那位画家经常在画展 (exhibition) 上**当场**作画。

- "当" as "to work as, to serve as": 做

  他说他长大了想**当**一个作家，你呢？

  我还没好好想过长大了究竟**当**什么。

- 其他：(other)

当初　爸爸妈妈**当初**刚到美国来读书时的碰到的一些事很有趣。

当代　你认为**当代** (the contemporary era) 最重要的科学发明是什么？

当地　他们班 (class) 的故事曾经登在**当地** (local) 的报纸 (news paper) 上。

当家　小明的妈妈决定下个星期让小明**当家** (to manage household affairs)。

当心　开车的时候永远要十分**当心** (to be careful)。

当中　和别人一起拍照的时候，我喜欢在旁边，不喜欢在**当中**。

当作　树叶落在地上，小虫爬来，躲在里面，把它**当作**屋子。

"保"字组成的词

- "保证" as "to guarantee":

  诸葛亮向周瑜**保证**第三天会有十万枝箭。

- "保险" as "safe, ensurance":

  张三把三百两银子埋在后院，但他还是觉得不够**保险**。

  邻居王家昨天出了车祸，还好他们买了很不错的**保险**。

- "保护" as "to protect":

  大家都应该**保护**野生动物，特别是那些稀有的野生动物。

  那只母鸡总是**保护**着自己孵出的小鸡。

文字和语法 第七周

"轻"字的用法

- "轻易" as "rashly, easily": qīng yì

  江上雾很大，敌人忽然来进攻，曹操不敢轻易出动。

  任何一门外语 (foreign language) 都不是轻易能学得好的。

- "轻松" as "light, relax": qīng sōng

  老师希望同学们过一个轻松愉快的暑假。

- "轻快" as "brisk, spry": qīng kuài

  爷爷虽然年纪大了，走起路来却很轻快。

- "轻伤" as "slight wound, minor wound": qīng shāng

  昨天下午打篮球的时候，我的手不小心受了一点轻伤。

"受"字的用法

- "受" as "to receive": shòu

  诸葛亮命令他的船队靠近曹军军营去受箭。

  他们去参观农场的时候受到当地人的欢迎。

- "受" as "to stand, to endure": shòu : can't stand

  天气这么热，又没有水喝，在外面看球赛的许多人都受不了了。

  医生很快就会来，请你先忍(rěn)受一下吧。

- 其他：

  接受　　受罪　　好受　　难受

  受惊　　受凉　　受罚 (be punished)　　受害 (be hurt)

  受气　　受伤　　受益 (be benefited)　　受洗 (be baptized)

字形　字义　字音

诸—猪 (pig)　　北—背　　愿—原　　葛—渴(thirsty)—喝(drink)　　议(meet)—仪(machine)—蚁(ant)　　搬(move)—般(normal)

借(borrow)—错(wrong)　　置—直(straight)　　雾(fog)—雪(snow)　　传—转(turn)—专　　吩—份—分—纷—粉

及—级(grade)　　漫(not clear)—慢　　呐(loud)—内　　相(think)—想—箱(box)　　驶—使—史

Testing!

妈妈的眼睛

"妈妈！"我问道，"这个世界上，您最爱谁？"

妈妈笑了，瞧着我的脸。

"月亮？星星？金丝鸟？宫殿里的国王？"我又问。

妈妈紧紧搂着我，手摸着我的头，轻声地说："我最喜欢我的小淘气。"

我心里美滋滋的，紧盯着妈妈的眼睛。我吃惊了，小小的我，整个都在妈妈的黑眼睛里。

我问妈妈："您的眼睛里装着我，不疼吗？"妈妈只是笑。

后来，妈妈搂着我的时候，我经常注意妈妈明亮的眼睛。

我哭的时候，妈妈眼睛里装着流泪的我；我笑的时候，妈妈眼睛里装着傻笑的我。

妈妈在草地上搂着我，唱着摇篮曲。可是妈妈先睡着了。我拨弄着妈妈的睫毛。我想，妈妈睡着的时候，妈妈的眼睛里，一定睡着一个小小的我。我轻轻地把妈妈的眼皮分开——可是，妈妈那黑眼睛里面，小小的我还在眨眼睛；蓝蓝的天空，美丽的鲜花和草地，还在妈妈黑眼睛里闪动。

"干什么呢，孩子，又淘气了。"妈妈醒了，笑起来，紧紧搂住我。"不要月亮，不要宫殿里的国王，我就爱我的小淘气。"

在世界上，我也最爱我妈妈。

新字新词：宫殿　美滋滋　睫毛

诸葛子瑜之驴

诸葛亮是刘备的军师，他的哥哥诸葛子瑜却在孙权那里做官。诸葛子瑜的脸长得特别长，很不好看。

有一次，孙权请很多客人到他那里喝酒，吃饭。诸葛子瑜带着儿子诸葛恪(kè)一起去了。孙权喝酒喝得高兴了，就想和诸葛子瑜开个玩笑。他叫人牵着一头驴进来，驴的脸上写着"诸葛子瑜"。大家看看那长长的驴脸，再看看诸葛子瑜，越看越像，都忍不住大笑起来。在座的只有两个人没有笑，那就是诸葛子瑜和他的儿子诸葛恪。

诸葛恪看到别人取笑自己的父亲，心里很生气。他不声不响地走到孙权跟前，对孙权说道："大王，请允许我在驴脸上加两个字吧。"孙权知道诸葛恪是个聪明的孩子，就点点头说："好，给你笔。"

诸葛恪接过笔，转眼之间，在"诸葛子瑜"四个字下面，加上了"之驴"两个字，连起来念，就成了"诸葛子瑜之驴"了。这两个字，不但把孙权要取笑诸葛子瑜的意思改掉了，并且连驴也成了诸葛子瑜的驴了。

客人们又一次大笑起来。大家都称赞诸葛恪是个既聪明又懂事的孩子。孙权也乐呵呵地说："凭你加的这两个字，我就把这驴送给你吧。"

吃完饭，诸葛恪就牵着驴，跟着父亲高高兴兴地回家了。

新字新词：诸葛恪(kè)　允(yǔn)许

戒(jiè)酒

从前有一位老爷爷，非常喜欢喝酒。可是后来，老爷爷得了一种奇怪的病。医生告诉他，得了这种病就不能喝酒了，再喝酒，病就会越来越厉害。

老爷爷的女儿决心要帮助爸爸戒酒。老爷爷对女儿说："要我戒酒可以，可是你今后和我说话，不准带'酒'字，就连同音的字也不能说。你要是说了，我就要喝酒。"女儿答应了。

几天以后，老爷爷很想喝点酒，就去找他的朋友张老九和李老九帮忙。三人一商量，果然想出了一个好办法。

不一会儿，张老九带着孙子小九子，李老九提着一瓶酒，来到老爷爷家。老爷爷的女儿告诉他们说，她爸爸不在家，他们就走了。

张老九和李老九刚走，老爷爷就回来了。一进门，他就故意问女儿说："今天有谁来过了？"女儿笑眯眯地说："爸爸，来的是张三三大爷和李四五大爷。"老爷爷见女儿不说"九"字，就又问道："他们来找我有什么事？带了什么东西来吗？"女儿不慌不忙地回答："李四五大爷提着一瓶二七，张三三大爷带着小孙子一三五，他们想找你喝八加一呢！"

老爷爷听了，心想：好个聪明的姑娘！看来这酒我是喝不成了！

新字新词：戒(jiè)酒 (to quit drinking wine)

温故知新

课后阅读 第六周 (4&5)

盤古開天地

聽說在很久很久以前，天和地都連在一起，圓圓的，像一個大雞蛋。這"雞蛋"裡有一個人，名字叫盤古。盤古在"雞蛋"裡面，覺得很不舒服，他想，讓我來把這蛋打開吧。盤古長得很快，他的力氣也很大。盤古長啊長啊，等到大雞蛋裡裝不下他了的時候，他就用力一頂。"轟"的一聲，大雞蛋分成了兩半。他頭上的那一半就是天，腳下的那一半就是地。這一下，盤古長得更快了。他就這樣，頂著天，踩著地，一天一天地長，一直長了一萬八千年。

盤古越長越高，天和地也離得越來越遠。一天，盤古看著頭上的天和腳下的地，心想，"這天和地的中間空空的，讓我來加上點東西吧。"他把自己的左眼變成太陽，右眼變成月亮，身子變成高山，血變成河，他嘴裡的氣，變成了風……從此以後，我們這個世界呀，就成了現在的樣子了。

简体对照

盘古越长越高，天和地也离得越来越远。一天，盘古看着头上的天和脚下的地，心想，"这天和地的中间空空的，让我来加上点东西吧。"他把自己的左眼变成太阳，右眼变成月亮，身子变成高山，血变成河，他嘴里的气，变成了风……从此以后，我们这个世界呀，就成了现在的样子了。

空城计

三国时期，有一次，魏国有十五万军队来攻打诸葛亮所在的西城。不巧的是，那时候诸葛亮刚把大部份军队派到别处打仗去了，城里只有很少的军队。守卫在城墙上的士兵，看到远处黑压压一大片敌军正向他们开来，心想这真是太危险了。一座空城，怎么挡得住十五万敌军？

诸葛亮却毫不惊慌。他想了想，就命令把四面城门全部打开。他派二十名老兵，拿着扫帚到城门口去打扫街道；又找来一些年轻的士兵，让他们穿上普通人的衣服，打扮成行人在城门口进进出出。布置好这一切，诸葛亮自己就登上了城楼，对着敌军来的方向，弹起琴来。

不一会儿，敌军来到了城下，远远看到城门大开着，很奇怪。敌军仔细观察城门口的动静，发现只有几个老兵在低着头扫地，好像根本没觉察他们的到来；城里城外，人们有的在走动，有的站着聊天；再看看城楼上，诸葛亮正在一心一意地弹琴，脸上连半点害怕的神色也没有。敌军将领司马懿想，诸葛亮明明知道我们大队人马来攻打西城，却大开城门，还做出没有防备的样子骗我们进城，他一定是在城里布置了重兵，我才不上他的当呢！于是司马懿一声令下，敌军转过头，都退走了。

西城保住了。全城的将士心里都很清楚，是诸葛亮神机妙算，料到敌军不敢进城，才使一座空城挡住了十五万敌军。

新字新词：魏国　扫帚　打扫　弹琴　觉察　料到　将士

塞翁失马

从前，长城边上住着一位老人，人们叫他塞翁。塞翁家里有一匹白马。有一天，塞翁家的白马不见了，怎么找也找不到。邻居们听说塞翁丢失了白马，都来安慰他。可是塞翁并不着急，还满不在乎地说："这算不了什么，丢了马，说不定还是件好事呢！"

过了一个多月，塞翁丢失的那匹白马突然跑回来了，还带回来了一匹快马。邻居们得知塞翁得到一匹快马，都前来祝贺。可是塞翁脸上并没有高兴的神色。他平静地说："这也算不了什么，白白得了一匹快马，说不定还是件坏事呢！"

果然，没几天，塞翁的儿子骑那匹快马的时候，从马上摔了下来。邻居们知道塞翁的儿子受了伤，又都来安慰他。塞翁还是满不在乎地说："这也算不了什么，儿子腿摔断了，说不定还是件好事呢！"

又过了不久，长城外的敌军打来了。村里的年轻人都去打仗，不少人死在了战场上。塞翁的儿子呢，因为腿断了，不能去打仗，却平安地活下来了。

塞翁失马的故事，告诉我们好事可能产生坏的结果，坏事也可能产生好的结果。

新字新词：塞翁失马　安慰　祝贺　摔

风

风——
是什么样子?
谁都不知道。
我们只知道,
它来的时候:
树是弯的,
水是皱的,
沙是飞的,
石是滚的,
花是摇的,
叶是飘的。
草只好低着头,
让风从身上走过去。

雪花

小雪花,一身白,
你从哪儿来?
我呀本是湖中水,
太阳一晒变云彩。
冬天冷得受不了,
变成雪花飘下来。

温故知新

女媧補天

盤古打開了天和地以後，為了不讓天塌下來，就用不周山把天頂著。

有一次，火神和水神在不周山下打架，水神打敗了，很生氣，就一頭撞死在不周山下了。沒想到，水神這一撞，把不周山撞倒了，天塌下來了一大塊。天河裡的水嘩嘩地流下來，把土地都淹了，人們沒辦法過日子了。

有個女神叫女媧，她決心把天補起來。女媧先用神龜的四隻腳把天頂住。她又用五色的石頭，把塌了的那塊天補好。從此以後，人們又過上了太平的日子。

傳說女媧補天時多下了一塊五色石，後來猴王孫悟空，就是從那塊石頭裡蹦出來的呢！

简体对照

女娲补天

盘古打开了天和地以后，为了不让天塌下来，就用不周山把天顶着。

有一次，火神和水神在不周山下打架，水神打败了，很生气，就一头撞死在不周山下了。没想到，水神这一撞，把不周山撞倒了，天塌下来了一大块。天河里的水哗哗地流下来，把土地都淹了，人们没办法过日子了。

有个女神叫女娲，她决心把天补起来。女娲先用神龟的四只脚把天顶住。她又用五色的石头，把塌了的那块天补好。从此以后，人们又过上了太平的日子。

传说女娲补天时多下了一块五色石，后来猴王孙悟空，就是从那块石头里蹦出来的呢！

六、捞铁牛

黄河，是中国的第二条大河。宋朝（960—1279）的时候，黄河上面有一座浮桥。这座浮桥是用四根大铁链，把许多小船连接起来，再把木板架在铁链上搭成的。浮桥两边的河岸上，各有四头巨大的铁牛。铁链的两头，就紧紧地绑在铁牛身上。

可是，有一年夏天发洪水，黄河里的水把浮桥冲断了，连岸上的大铁牛，也被洪水拖到水底下去了。

洪水退了，浮桥急需重修。但是，重修浮桥可不容易。就拿那铁牛来说，一头就有几千斤重，一下子怎么能铸造得出来？原来的铁牛倒是可以用，可是又有哪个大力士，能把这么笨重的铁牛从水里捞起来呢？人们正在议论纷纷，有一个叫怀丙的和尚站出来说："让我来试试看。铁牛是被水冲走的，我就叫水把它们送回来。"

捞铁牛的那天，黄河岸边挤满了看热闹的人。只见怀丙和尚指挥着一群水手，划来两只装满了泥沙的大船，停在铁牛沉没的地方。水手们在两只船的中间，架上一根粗粗的木头，又在木头上绑上两根大铁链。怀丙派人潜到水底下去，把铁链的另一头绑在铁牛身上。

准备工作做好了，全体水手们一起动手，把船上的泥沙铲到黄河里去。船上的泥沙越铲越少了，水的浮力托着船身，慢慢地向上浮，铁牛也跟着从河底一点一点地向上拔。

船上的泥沙铲空了，铁牛也离开了河底。于是水手们使劲划桨，两只大船终于把水底的铁牛拖回到岸边。就这样，怀丙和尚指挥着水手们，把另外三头铁牛也都拖了回来，浮桥很快就重新修好了。

词汇

捞铁牛　黄河　宋朝　浮桥　大铁链　木板　架在　搭成　各有
紧紧地　绑在　洪水　冲断　被　退了　急需　重修　铸造
大力士　议论纷纷　笨重　怀丙　和尚　挤满　指挥　水手
装满　泥沙　沉没　粗粗的　潜到　动手　铲到　浮力　托着
使劲　划桨　终于　拖回　重新

生字

sòng	liàn	hóng	tuì	xiū	yì	huái	bǐng	jǐ	qián	chǎn	tuō	tuō
宋	链	洪	退	修	议	怀	丙	挤	潜	铲	托	拖

文字和语法 第八周

"论"字的用法

- "论" as "to discuss, to talk about, to argue":

  人们正在纷纷议论，一个叫怀丙的和尚站出来说："让我来试试看。"

  同学们在教室里谈论昨晚电视播放的足球比赛。

  明天我们究竟去博物馆还是水族馆？让我们大家来讨论一下吧！

  下一次我们要辩论 (to debate)：学习中文对我们究竟有没有用？

  小明爱和人争论 (to argue)，他的弟弟却不爱和人争论。

- "论" as "view, opinion, statement":

  你们争论了半天，最后有没有一个结论 (conclusion)？

  我们正在学习牛顿 (Newton) 的理论 (theory)。

  昨天哥哥高兴地告诉我，他的一篇论文 (thesis) 在杂志上发表了。

- "无论"，"不论" as "no matter how, no matter what":

  无论我怎么说，弟弟就是不愿意一个人留在家里。

  后天我整天在家，你不论什么时候来都可以。

- "无论如何" as "in any case, whatever happens, at any events":

  这个电影太好了，我无论如何也要去看。

  他下了决心要做的事，无论如何也会去做。

"全"字组成的词

全部　全体　全国　全世界　全场　全力　全面　全能　全球　全身
齐全　完全　安全　全息照相 (hologram)　　全音 (whole note)

字形　字义　字音

链—连　　既—即　　退—腿　　笨—本　　丙—病　　挤—齐
群—裙　　架—加　　潜—替　　托—拖　　浮—孵　　怀—坏
拔—拨　　桥—骄—侨　　　桨—将—浆　　　洪—共—供

汉字偏旁趣谈

亲爱的小丽：

你好！你来信说，你的老师告诉你们，汉字记录着我们的前人在农业社会初期的生活情况。你这位老师说得很对。不说别的，很多汉字的偏旁，都是和前人的生活有关。让爷爷说给你听：

那时的人（亻）已经懂得种田（田），能用语言（讠）和别人交流，可是，却以为自己是用心（忄）在想事。他住在洞穴（穴）里，他的住处（宀）能躲避风雨（雨）。他穿着衣（衤）服。他吃的食（饣）物，是从庄稼（禾）中取得的稻谷（米）。他已经知道水（氵）和火（灬）的重要。人的手（扌）能做很多事情，他的脚每天在土地（土）或山（山）上跑。他害怕生病（疒），也害怕野兽（犭），他要保护自己的子（子）女（女）。动物（虫）中，狗（犬）是他的朋友。那时候没有灯，靠着日（日）光和月（月）光，他的眼睛（目）看到很多东西。冬天很冷（冫），他喝了酒（酉），就感到暖和了。人会做工具，用的是木头（木）、竹子（竹）、石头（石）、和金属（钅）。人还会造船（舟）和车（车），有了船和车，他就可以到很远的地方去。

新字新词：洞穴

课后阅读 第八周（1） 知识

你也许会问，为什么英文不像汉字那样，能把前人的生活情况保留 (to remain) 到今天呢？那是因为汉字是象形和表意的文字，而英文是拼音文字。拼音文字记录的是人们说话的语音。人们说话的语音变化很快，英文这样的拼音文字便也随着语音变化而变化，几千年下来，变得和以前完全不同了。用图形表达意思的汉字，却不会随着语音的变化而变化。所以，很久以前的人写的东西，我们今天还能读得懂。这一点，也是汉字的长处之一。你如果有兴趣的话，爷爷下次再告诉你别的关于汉字的知识。

祝好！

爷爷　1999.4.1

课后阅读 第八周（2） 故事

老船工巧找石狮子

中国北方有一条河，河边有一座河神庙。庙门口的两边，蹲着一对石狮子。有一年夏天发洪水，把这座庙和那对石狮子都冲到河里去了。水退以后，人们重修河神庙，决定把石狮子捞上来。

故事

课后阅读 第八周（2）

人们想，这么大的洪水，石狮子一定被冲到下游的什么地方去了，于是就顺着河往下找。可是找了十几里路，还是找不到。

这个时候，有一位六十多岁的老船工，站在河岸上，说："你们别光在河的下游找啊！"

大家说："大水冲走的东西，不到下游去找，还能到上游去找吗？难道石狮子能顶着河水游上去？"

老船工见大家不相信，脱下衣服就一头钻进了河里，往上游游去。有几个年轻人见了，也脱下衣服跟着游了过去。很快，有人从水底下钻出来，指着河底嚷着："找到了！找到了！石狮子在这里！"

石狮子捞上岸后，大家问老船工："您说说吧，石狮子没被大水冲到下游，反而跑到上游去了，这是什么道理？"

老船工笑笑说："石狮子很重，掉下水以后，一定很快沉到河底。上游冲来的水，到了石狮子就往回折，形成一个漩涡。漩涡转哪转哪，石狮子朝着上游这边的河底，就会出现一个低窝。一边高，一边低，石狮子就滚进低窝里。这样，石狮子向河的上游移动了一次。不一会儿，石狮子跟前又出现一个低窝，石狮子就又会向前移动一次。石狮子就这样不停地往上游移动。所以，要捞石狮子，应该朝河的上游去找，不是吗？"

人们听了，都连连点头，称赞他讲得有道理。

新字新词：河神庙　漩涡

比吹牛

有一天,王爷对阿凡提说:"今天我要和你比赛吹牛。如果谁说对方是'胡说',那就算谁输了,输了的人就得给吹牛的人一百只羊。"

阿凡提同意了。于是王爷说道:"昨天夜里突然刮起了大风,那风可真大,竟把我家的一百只羊都刮到天上去了。那些羊在天上飘了好久好久,后来都落到阿凡提你家的院子里去了。"王爷得意地问阿凡提:"我说的是真话吧?"他心里想,不管你怎么回答,这一百只羊都是我的了。

阿凡提不慌不忙地说:"您说的是真话。"王爷一听,就高兴地跳了起来,马上要阿凡提给他那一百只羊。可是阿凡提却摇摇手,说:"别急,您听我说。昨天夜里那风实在大,眼看着把一群羊刮进了我的院子里,我正吃惊呢,只听得风声更大了。我一看,真是不得了,大风又把那群羊连同我的二百只羊,都刮到天上去了。"

王爷听了,张了张嘴,没作声。阿凡提继续说:"那些羊在天上飘了好久,后来都落到王爷您的院子里了。这时候,风就停了。"

"胡说!"王爷终于忍不住了。阿凡提说:"对不起,王爷,您输了。"说完,就把王爷的一百只羊牵走了。

女媧造人

傳說天地是盤古打開的，世界上的高山大河、樹木花草、風雲雨雪也都是盤古變出來的。可是，那時候沒有人。那麼，人是怎麼變出來的呢？

原來，人是補天的女神女媧造出來的。女媧聽說盤古打開了天和地，就想親眼看看這個世界。她來到世界上，看見世界是這麼美好，心裡非常喜歡。可是，她看來看去，好像總是覺得這世界上少了些什麼。她想，讓我來幫助這個世界，讓它變得更加美好吧。

女媧從地上拿起一塊黃土，用手一捏，就捏成了一個小人。她小心地捏出了小人的鼻子、眼睛、和嘴巴，然後再把小人放到地上，拍拍他的肩膀，小人就蹦蹦跳跳地玩起來了。就這樣，女媧不停地捏泥人，一個又一個的小人在女媧腳邊又跑又叫，世界一下子熱鬧起來了。忽然，女媧心想："我這樣一個一個地捏，實在太慢了，用什麼辦法，能讓我做得快一些呢？"她找來一條繩子，沾上黃土，用力一甩，甩出去的泥點子一落地，一個一個都變成了小人。女媧甩呀甩呀，她造出了很多很多小人。小人慢慢長成了大人，大人又生了很多孩子。從此，世界上的人就越來越多了。

女娲造人

传说天地是盘古打开的,世界上的高山大河、树木花草、风云雨雪也都是盘古变出来的。可是,那时候没有人。那么,人是怎么变出来的呢?

原来,人是补天的女神女娲造出来的。女娲听说盘古打开了天和地,就想亲眼看看这个世界。她来到世界上,看见世界是这么美好,心里非常喜欢。可是,她看来看去,好像总是觉得这世界上少了些什么。她想,让我来帮助这个世界,让它变得更加美好吧。

女娲从地上拿起一块黄土,用手一捏,就捏成了一个小人。她小心地捏出了小人的鼻子、眼睛、和嘴巴,然后再把小人放到地上,拍拍他的肩膀,小人就蹦蹦跳跳地玩起来了。就这样,女娲不停地捏泥人,一个又一个的小人在女娲脚边又跑又叫,世界一下子热闹起来了。忽然,女娲心想:"我这样一个一个地捏,实在太慢了,用什么办法,能让我做得快一些呢?"她找来一条绳子,沾上黄土,用力一甩,甩出去的泥点子一落地,一个一个都变成了小人。女娲甩呀甩呀,她造出了很多很多小人。小人慢慢长成了大人,大人又生了很多孩子。从此,世界上的人就越来越多了。

总生字表

一、月亮姑娘做衣裳（18）

lǎng	gōu	shāo	cái	féng	yuē	liáng	chǐ	àn	kòu	chóng	qiàn	yán	pán	huī	sǎ	hé	shì
朗	钩	梢	裁	缝	约	量	尺	按	扣	重	歉	颜	盘	辉	撒	合	适

二、河神和海神（9）

zǔ	qīng	tāo	guǎng	bēn	jì	zūn	miǎo	xiōng
祖	倾	滔	广	奔	际	尊	渺	兄

三、放风筝（14）

zhēng	zhóu	shàn	wěn	lù	fǎng	rǎng	jī	zhā	wèi	yǔ	zhòu	suí	yàn
筝	轴	扇	稳	碌	仿	嚷	叽	喳	卫	宇	宙	随	艳

四、长城的回忆（20）

chéng	yì	dēng	dí	pāo	jiàn	gé	fēng	tái	shǒu	shì	jù	yóu	piào
城	忆	登	敌	抛	建	隔	烽	台	守	士	巨	邮	票

zhàng	jiě	zēng	qín	wèi	fēng
丈	解	增	秦	未	丰

五、草船借箭（25）

quán	liú	lián	yú	zhū	gě	dù	jí	fá	zhē	bān	jì	bǎo
权	刘	联	瑜	诸	葛	妒	嫉	罚	遮	搬	计	保

zhì	fēn	fù	cháo	wù	màn	yíng	qiāo	nà	liáo	chéng	shǐ
置	吩	咐	朝	雾	漫	营	敲	呐	聊	丞	驶

六、捞铁牛（13）

sòng	liàn	hóng	tuì	xiū	yì	huái	bǐng	jǐ	qián	chǎn	tuō	tuō
宋	链	洪	退	修	议	怀	丙	挤	潜	铲	托	拖

（合计99字，累计1384字）

疑难词表 / Glossary

一、月亮姑娘做衣裳

- 晴朗： clear and bright weather
- 银钩： silver hook
- 树梢： tree tops; branch tips
- 裁缝： tailor
- 约定： arranged; agreed upon
- 按时： on time
- 抱歉： apologizingly
- 式样： fashion style
- 时新： modern fashion
- 撒上： scattered upon
- 合适： fitting

二、河神和海神

- 河神： river god
- 海神： sea god
- 祖先： ancestors
- 倾盆大雨： pouring rain; deluge
- 统统： all of them; entirely
- 无边无际： without an end (in sight)
- 行礼： salute
- 分外： especially
- 客气： polite
- 尊敬： honorable
- 眼界： perspective; field of vision
- 容得下： can accept; able to contain

三、放风筝

- 线轴： reel (for thread, string)
- 稳稳当当： steadily
- 嚷： yell
- 各式各样： all sorts
- 翘着： holding up; sticking up
- 宇宙： universe; space
- 衬着： backed by; against

四、长城的回忆

- 回忆： memories
- 抛下： toss down
- 丝带： silk sash
- 浮游： floating; swimming
- 建造： to build
- 隔： separated by
- 烽火台： signal tower
- 守卫： guard
- 士兵： soldiers
- 巨大： huge; gigantic
- 震倒： shaken apart
- 了解： comprehension
- 增加： increase
- 城墙： border walls
- 天险： natural barrier
- 丰富： rich; bountiful
- 未来： future
- 平安： peace

五、草船借箭

- 联合： ally (v)
- 军师： army adviser
- 嫉妒： jealous; jealousy
- 兵器： weapon
- 保证书： guaranty (document)
- 罚： punish
- 材料： materials
- 遮起来： cover up
- 布置： set up
- 军营： military encampment
- 战鼓： battle drums (used to send challenge in battles)
- 呐喊： shout (challenges, insults); create a din
- 神机妙算： wonderful foresight (in military perations, etc.)

六、捞铁牛

- 宋朝： Song Dynasty
- 浮桥： floating bridge
- 大铁链： big metal chain
- 木板： wooden board
- 架在： stack upon
- 铸造： cast (from metal)
- 议论纷纷： holding various discussions
- 指挥： command
- 潜到： dive to
- 铲到： shovel into